Résister sur les mers

海上的抵抗

自由法国 | Une histoire de la
海军史　| Marine
　　　　　 française libre

［法］吕克－安托万·勒诺瓦　著
李亚莎　张文智　译

中央编译出版社
Central Compilation & Translation Press

图书在版编目（CIP）数据

海上的抵抗：自由法国海军史 /（法）吕克-安托万·勒诺瓦著；李亚莎，张文智译. —北京：中央编译出版社，2024.3
ISBN 978-7-5117-4568-2

Ⅰ. ①海… Ⅱ. ①吕… ②李… ③张… Ⅲ. ①海军-军事史-法国 Ⅳ. ①E565.53

中国国家版本馆 CIP 数据核字（2024）第 025056 号

京权图字：01-2023-4332 号

Originally published in France as:
Resister sur les mers: Une histoire de la Marine francaise libre by Luc-Antoine Lenoir
© Edition du Cerf 2018
Current Chinese translatioin rights arranged through Divas International, Paris
巴黎迪法国际版权代理（www.divas-books.com）

海上的抵抗：自由法国海军史

责任编辑	苗永姝
责任印制	李 颖
出版发行	中央编译出版社
网　　址	www.cctpcm.com
地　　址	北京市海淀区北四环西路 69 号（100080）
电　　话	（010）55627391（总编室）（010）55625179（编辑室） （010）55627320（发行部）（010）55627377（新技术部）
经　　销	全国新华书店
印　　刷	北京文昌阁彩色印刷有限责任公司
开　　本	880 毫米 ×1230 毫米　1/32
字　　数	159 千字
印　　张	7.375
版　　次	2024 年 3 月第 1 版
印　　次	2024 年 3 月第 1 次印刷
定　　价	68.00 元

新浪微博：@中央编译出版社　微信：中央编译出版社（ID: cctphome）
淘宝店铺：中央编译出版社直销店（http://shop108367160.taobao.com）
　　　　　（010）55627331

本社常年法律顾问：北京市吴栾赵阎律师事务所律师　闫军　梁勤
凡有印装质量问题，本社负责调换，电话：（010）55627320

写给我的父母
以此纪念"沙漠之鼠"诺曼·史密斯

对我重要的事情只对我重要。

安德烈·马尔罗：《反回忆录》

缔结婚姻，并非仅仅居于一室。

勒内·夏尔：《伊普诺斯的书页》

前言

1940年7月3日，伦敦。在圣斯蒂芬宫的一间空荡而布满灰尘的厅堂内，海军中将米塞利埃，正一边凝望泰晤士河一边口述信件。他授意联系英国总参谋部，并展开协商谈判，争取得到相关装备物资，此刻他的脑海中已经设想出一支完备的军队。在此前一天，戴高乐将军已经向他授权建立一支由"自由法国"所领导的海军力量，但在当时甚至连"自由法国"本身都并未付诸实际。即使没有任何的船舰，也没有任何的后勤保障，仅仅在一室之内，寥寥数人列席之下，"自由法国海军"在二者会面之时即宣告成立。在它成立之时，除了一腔热血之外，可以说几乎一无所有。

约五年之后的1945年5月8日，法国海军陆战队装甲兵团成功抵达希特勒位于巴伐利亚的藏身之处贝希特斯加登。彼时纳粹帝国崩溃、德军投降，海上到处都是"自由法国海军"的船舰，他们正密切关注着时局——他们曾为之奋斗且即将到来的和平。在海洋前线甚至是陆战中，法国海军都可以被认作是第二次世界大战的直接参与者。

在以上两个历史时刻之间,"自由法国海军"先是作为一支独立的海军力量,付诸自身的努力,而后联合了维希政府的海军部队,发起了若干出色的军事行动,并严谨而果断地完成了整体战略目标。

在本书的叙述中,"自由法国海军"在同盟国的帮助之下,能够独自完成最初的军事活动,并最终走向独立。经由此书,笔者在一些被忘却的丰功伟绩之中抽丝剥茧,在主要角色隐退之时追寻他们的历史足迹,并在纷纷战事的无意之间呈现他们的重要作用。

目录 CONTENTS

第一章 从法国海军到自由法国海军 ⋯⋯⋯⋯⋯ 1
   1 海洋战争的角色缺失 ⋯⋯⋯⋯⋯⋯⋯⋯⋯ 2
   2 首次登陆挪威 ⋯⋯⋯⋯⋯⋯⋯⋯⋯⋯⋯⋯ 4
   3 法国战役的溃退 ⋯⋯⋯⋯⋯⋯⋯⋯⋯⋯⋯ 6
   4 停战机制 ⋯⋯⋯⋯⋯⋯⋯⋯⋯⋯⋯⋯⋯⋯ 8
   5 继续战斗？第一批法国狙击手 ⋯⋯⋯⋯⋯ 12
   6 桑岛：从"天顶"号到"鸬鹚"号 ⋯⋯⋯⋯ 14
   7 米塞利埃 ⋯⋯⋯⋯⋯⋯⋯⋯⋯⋯⋯⋯⋯⋯ 17
   8 仍属自由的法国海军 ⋯⋯⋯⋯⋯⋯⋯⋯⋯ 21

第二章 洛林十字下的军队 ⋯⋯⋯⋯⋯⋯⋯⋯ 24
   1 万难的开局 ⋯⋯⋯⋯⋯⋯⋯⋯⋯⋯⋯⋯⋯ 26
   2 法兰西危机 ⋯⋯⋯⋯⋯⋯⋯⋯⋯⋯⋯⋯⋯ 27

3 "弩炮"行动 ·· 29
　　4 米尔斯克比尔港的惨烈海战 ······················· 30
　　5 绅士协定 ··· 33
　　6 惊警之时 ··· 35
　　7 重启协同作战 ·· 37
　　8 战斗，不顾一切 ·· 41

第三章 重现外海之时 ·· 47
　　1 "威吓"行动 ·· 47
　　2 自相残杀的争斗 ·· 54
　　3 不列颠之战 ··· 55
　　4 防空战中的老"库尔贝"号战列舰 ············ 58
　　5 "红宝石"号潜艇的搭载任务 ···················· 59
　　6 "密涅瓦"号接替"独角鲸"号作战 ·········· 61
　　7 自由法国总参二局 ···································· 64
　　8 英国人的监狱 ·· 69
　　9 后勤处：陆上的基地 ································ 76
　　10 自由法国海军学院 ·································· 80

第四章 一支独立的军事力量 ···································· 82
　　1 大西洋上的深海狼群 ································ 82
　　2 以花为名的护卫舰们 ································ 85
　　3 集训 ··· 87

4	首次护航	88
5	首次出航	89
6	被同胞杀死的德特罗亚	90
7	德蒂安纳·多尔韦的悲剧收场	92
8	圣皮埃尔和密克隆群岛：法国的自主行动	96
9	以"自由法国"之名	103
10	控制群岛	107
11	自由法国海军的新基地	110
12	米塞利埃和戴高乐的首次对抗	112
13	自圣皮埃尔和密克隆群岛归来，及3月3日委员会会议	115
14	实力的较量	124

第五章	所有战线展开战斗	130
1	奥博伊诺指挥官	130
2	"粉百合"号护卫俄罗斯航线	131
3	遭鱼雷袭击的"金合欢"号和自由法国海军最后的护卫舰	137
4	比尔哈凯姆荣耀下的海军陆战队第一营	139
5	法兰西突击部队崭露头角	140
6	"朱诺"号和"密涅瓦"号载兵登陆	144
7	隶属盟军的另一支法国舰队诞生	145
8	英吉利海峡的哥萨克	148

9　引以为豪的"战士"号 ·································· 156

　　10　"乌头"号的两次攻击 ······························· 157

第六章　自由法国海军的终结与合并 ···················· 160

　　1　大西洋之战：新战场与新装备 ····················· 160

　　2　第6FE机队的"卡塔琳娜"水上飞机 ············ 162

　　3　两支海军部队的合并 ································· 163

　　4　当敌人成为战友 ······································· 166

　　5　西西里登陆和解放科西嘉 ··························· 168

　　6　新部队的诞生 ·· 169

第七章　荣耀时刻 ·· 172

　　1　"海王"行动 ·· 173

　　2　集训 ·· 174

　　3　艾森豪威尔："好，我们走" ····················· 175

　　4　"战士"号登陆法国土地 ··························· 179

　　5　解放英吉利海峡 ······································· 181

　　6　剑滩之上，风笛声声 ································ 182

　　7　海军第二装甲师的登陆 ····························· 185

　　8　登陆普罗旺斯 ·· 186

　　9　海军陆战队挥师北上 ································ 189

　　10　海军陆战队装甲部队的作战，从巴黎到贝希特斯
　　　　加登 ·· 191

- 目 录 -

11 决战大西洋 ················ 194
12 鱼雷艇舰队回归法国本土 ········ 194
13 作战结束 ················· 197
14 最后的检阅 ················ 199

尾 声 ······················ 201

注 释 ······················ 203

致 谢 ······················ 223

第一章　从法国海军到自由法国海军

战争伊始，法国便拥有一支能使所有敌对方都畏惧的海军力量。第一次世界大战结束之后，自 1917 年至 1933 年，法国海军部长乔治·莱格直至去世都几乎从未间断地推动强化法国海军力量。在 1920 年出台了海军法规之后，他又于 1927 年颁布了海军条例，并代替《科尔贝尔条例》成为法国国家海军的准则。当时军工产业得到迅猛发展，很多现代化武器装备得以配给。在海军参谋部尤其是卡斯特克斯上将的领导下，300 艘舰艇的装备得以更新，海军作战体系得到了彻底的提升。1939 年，在吨位级别上，法国海军位列世界第四，仅次于英国皇家海军，以及当时最强的美国海军和日本海军。温斯顿·丘吉尔曾称道，法兰西第三共和国的海军舰队"自从君主制以来达到了空前的实力和效率"[1]。

法国海军的使命是什么？简而言之，就是维护庞大的殖民帝国和众多的通讯线路，一旦发生新的战争时，海军要确保主要贸易通道的顺畅来保障大城市的物资供给。单就对当时法国的国家财富规模而言，法国所采取的手段与相当程度的付出都十分合理。彼时，地中海内的航运十分繁忙，主要的航路连接自土伦、马赛直到阿尔及利亚行省的主要港口（阿尔及尔、奥兰），以及摩洛哥和突尼斯的领地（卡萨布兰卡、比塞大），另外还有黎凡特地区。在大西洋地区，通过达喀尔和让蒂尔港，非洲殖民地也提供了大规模的市场与大量的资源。甚至在更远的海域，法国海军也可以穿越大洋确保法国同海外领地之间的联系，包括加勒比领地、印度支那以及其海外领地的新喀里多尼亚和波利尼西亚。

法国海军的主要同盟为英国皇家海军，后者也处于相同的情况。英国皇家海军的首要任务也是为商船护航，以确保商品供给。回溯几个世纪以来，由于英国的孤悬海外，军队的护航十分必要。在庞大的帝国框架之下，英国皇家海军必须要能使地球近五分之一的土地之间可以相互联通。

1 海洋战争的角色缺失

1939 年 9 月 3 日，在战争打响之时，英法两国就已经开始考虑进行一场战略合作以对抗纳粹德国海军。法国派遣海军使团到达英国，英法双方展开合作对话，也是基于此，法国的奥登达尔海军上将在伦敦组建了法国海军指挥部。作为英法双方负责此事的军事将领，达得利·庞德爵士和达尔朗海军上将定期共同商讨军事事务。以上的预防措施并非多此一举，就在 9 月 3 日当晚，英国的"雅典娜"号客轮自格拉斯哥出航前往加拿大时，在冰岛南方被德国的 U 型潜艇击沉。船上载有 1418 名乘客与船员。[2] 尽管展开了数次打捞和救援，袭击依旧造成了 117 人死亡。陆地战争一直是作战双方对抗的焦点，法国甚至构建了马其诺防线来因应陆战。与此相对，大西洋海战却突然打响，纳粹德国单方面向英法宣战。在新的战场上，双方聚焦于工业博弈和国际贸易。

意识到贸易航线的重要性，美国在开战当月底就改变了其中立立场，将"现购自运"救援方案的条款扩展至武器售卖，使军用物资可以成功运输到英国。[3] 尽管早在 1936 年就已经在伦敦签署了互不侵犯条约，德国依旧于 10 月 2 日针对英国和法国的商船展开全面攻击，任何被认定为敌方的船只即被宣布为可攻击目标。由此，跨大西洋航线的安全问题变得极其重要，英方随即向法方要求派遣潜艇，并立即得到了法方的支持。在最初的几个月，法国海军参与到了众多英国船队的护卫活动，包括至少 8 次自哈利法克斯出发的跨大西洋船队的护卫，以及出发或行至直布罗陀的 56 次航行护卫。[4] 护航成果令人瞩目，在 2100 次护航之中只有 4 次失败。

德国方面未遵守互不侵犯条约，并进行了粗暴的攻击。同德国的其他武装力量相比，德国海军力量并未准备充分，仅仅聚集在北海海域。德国商船的规模随着第二次工业革命而迅速发展壮大，而大量大西洋航线上的德国商船在当时并未受到保护，于是法国立刻抓住了这次机会并试图来控制这些德国商船。9 月末在"庞赛莱特"号潜艇上，海军上尉贝尔特朗·德·索西那俘获了第一批德国战俘。该潜艇之后在加那利群岛与亚速尔群岛之间巡航，发现了"开姆尼茨"号货轮，借由小船隐蔽接近并成功登上货轮。最终，法国海军在没有损害船只的前提下，在这艘载有7000吨货物的货轮上升起了法兰西三色旗。而后在卡萨布兰卡，这艘货轮重新以"庞赛莱特"号指挥官的名字命名，称作"圣·贝尔特朗"号。随后，其他德国货轮也相继被俘获，包括6000吨位的"特里菲尔斯"号，以及"圣达菲"号和"罗斯托克"号等。上述类似的登船行动需要极高的速度，因为船员已经被授命，一旦船只被敌方俘获，便要破坏船只。先遣部队经常需要拆除船体上的爆炸物，甚至修复德国船员对船只故意造成的损害。在最初几个月的行动中，法国海军就已取得了累累战果。

追击德国潜艇的行动最初也发生在大西洋海域。尽管在当时，法国海军还并未掌握深水炸弹攻击的技术。在此类作战中，所需要掌握的技术包括如何发现敌方潜艇、接近潜艇并投放炸弹，以及在不同水深引爆炸弹。[5]

2　首次登陆挪威

由于不满足于战争中海军保护船只和守护航线的防御角色，英国政府决定依靠本国和法国的海军来进一步削弱敌人的工业力量。在英国政府内部，第一海军大臣丘吉尔在宣战之初曾计划登陆德国北部，继而占领波罗的海。但面对纳粹德国空军的高效性和制空力量，他不得不改变这一计划。瑞典对德国的铁矿供给约占其总供给量的三分之一，为了阻止瑞典方面的继续供给，盟军计划在冬季登陆挪威。德国也曾有意在该地区建立海军基地，并对英国军事防卫形成威胁，故而该计划也可以有效杜绝此行为。法国海军对此计划做出回应。时任议长雷诺表示，如不涉及法方的海上势力范围，并可使纳粹工业体系陷入瘫痪，则法方赞同这一作战计划。英国皇家海军于2月对挪威水域的一艘德国补给舰进行了拦截。在英国首次采取行动之后，法国也准备派遣一支远征军，包括12500名法国士兵和13艘军舰，并征用了几艘装备等级最高的商船并入舰队。为了避免在北海中遭到水雷的袭击，在对舰队进行消磁处理之后，法国远征军于4月初出发。

德国也计划入侵挪威港口，并正为此准备大规模行动，以防止盟军在北海或波罗的海建立前哨基地。起初英国将4月初纳粹德国海军的行动仅解释为护航行动，但是纳粹德国海军却出动了大量军力来占领斯堪的纳维亚半岛。纳粹德国的"威瑟堡"行动和同盟国的计划几乎同时进行，在整个4月期间，双方在陆地和峡湾中展开激战。德国空军出动"斯图卡"轰炸机进行精确轰炸，损坏了包括"埃米尔·贝尔坦"号巡洋舰在内的多艘法国舰艇。尽管盟军取得了纳尔维克海战的初步胜利，但由于5月10日法国本土战役开始后，贝图阿尔将军率领的法国部队无法继续留在此战场，并且6月10日意大利宣布加入战争，法国方面也不得不向地中海地区大规模派兵。代号"阿尔法贝"的撤退行动之后，驻扎在挪威的所有盟国部队已全部撤离，挪威战场即宣告结束。法国方面，"埃米尔·贝尔坦"号和"蒙卡尔姆"号撤退并重新返回原属编队。德军占领挪威全境。

3　法国战役的溃退

　　法国海军最终还是返航，被召回保卫本国的领土，这也意味着陆地战事节节败退。旨在遏制对德军入侵比利时的迪尔河防线宣告失败，沿海协同作战的舰队无助地目睹了这场灾难，并意识到其海军航空兵部队战力的巨大不足。5月20日，德军已经占领索姆河河口，北部被完全包围。在接下来的几天里，法国海军试图保护滨海布洛涅、格里斯-内兹角和加莱的港口，但最终没有成功，舰队被迫投降。在地中海，意大利军队轰炸土伦后，法国海军的航空兵部队同样对抗了几次突袭。

　　面对德军的突飞猛进和闪电战的全面胜利，盟军必须下决心继续推进敦刻尔克大撤退。近40万盟军士兵正处于危险之中，其中包括12.5万法军。短暂的权衡利弊之后，英国仓促地在几种备选作战方案中选择发起"发电机"行动。战场上的全部海军力量、众多法国船舰，以及700艘各种民用船只都参与了此次行动。敦刻尔克港附近的海岸距离海峡对岸的多佛尔大约40海里，所有的船舰都要多次往返于两地运送士兵。5月29日至6月4日，顶着德国空军力量的压力，大撤退取得成功，大部分士兵成功转移。但其中有3.5万名法国士兵没有撤退，而是留在敦刻尔克遏制敌人的推进，却最终失败被俘。在参与行动的上千艘船舰中，有两百多艘沉没。法国海军损失了三艘鱼雷艇："飓风"号（载有500人）、"热风"号和"闪电"号。

多种因素共同作用之下，法国陆军溃败并需再次撤退。因此，在西部的港口，将舰队疏散到北非或英国成为当务之急。在圣纳泽尔，法国海军最杰出的舰艇之一"让·巴特"号正在建造中。这艘3.5万吨级的战列舰还远未完工，在船坞里安静地停泊着。如果这一未完的工程被德军夺去，后果不堪设想。从6月11日起，法军便等待适合的潮汐将其驶出。6月19日，在将船减重到极限后，罗纳克上校设法将其开出了船坞。此时，"让·巴特"号既没有配备计程仪也没有罗盘，四个螺旋桨中只有两个可以提供动力，机舱的通风设备也没有建好。在行动过程中，德军飞机在天上狂轰滥炸，导致船只暂时搁浅，其甲板也被两枚炸弹击中。最后，在三艘驱逐舰的护航下，这艘战列舰得以继续前进，并于6月24日成功抵达卡萨布兰卡。[6]同样级别的另一艘战列舰"黎塞留"号正在布雷斯特完成测试。在马尔津上校的命令下，它于6月18日驶离船坞，在6月24日到达目的地达喀尔。北海海域、英吉利海峡和大西洋海域各个港口的法国海军被完全疏散，在德军抵达的前几个小时，所有舰队都已撤退。

9月以来，法国海军的300艘舰艇中，15艘已经沉没，6艘被凿沉，40艘留在土伦，还有一部分撤退至北非和地中海东岸地区，或是远赴远东和法属西印度群岛。很多舰艇还选择逃往英国避难，主要停靠在普利茅斯港和朴次茅斯港，包括2艘战列舰、8艘鱼雷艇、2艘驱逐舰以及7艘潜艇，其中还有当时世界上最大的潜艇"速科夫"号。小型舰艇由于续航能力不足，则没有选择逃往某个港口避难，大多选择就近停靠在某个海岛上，包括15艘追击舰和几十艘巡逻艇。与此同时，有135艘商船分散在23个港口。英国共接收了十分之一的法国舰艇和七分之一的商船。[7]

4　停战机制

在接下来的几天里，法国海军在英吉利海峡的另一边，面对祖国的沦陷而没有采取任何行动。尽管贝当元帅在6月17日呼吁"停止战斗"，但此时已经加入其政府并担任海军部长的达尔朗则下令继续采取"最猛烈的反击行动"[8]。但又如何保证继续发起军事行动？于是达尔朗采取了一切必要手段，以便在任何情况下都可以完整无误地传达他的命令：

> 无论战事如何发展，可以确定的是，法国海军在任何情况下都不会不加抵抗地交出舰队，也不会停止军事行动。与此相关的所有命令都将通过署名Xavier 377的文件下达，其余所有命令皆无效。[9]

几天后，6月22日，针对是否"停战"有了结果：军方向各个海军部队宣布了停战协定。达尔朗将军则向舰队发送了另一封电报，要求他们在每艘船上组建一个小组，准备摧毁武装设备并自沉。接到命令的海军将领们对此表示无法理解：虽然已经充分意识到不让舰队冒险这一点十分必要，但他们仍然惊异于放弃战斗并要在没有遭遇敌人的情况下自沉。海军准将德卡彭蒂埃负

责将法兰西银行的黄金运送到西印度群岛,他曾发布过一条明确的指令:

我敦促:

不缔结任何停战协定,一旦德国实现了他所要达到的全部利益就一定会违反此协定。

要最大限度地利用外域作战的手段。

唯一获胜的方式就是完全建成法兰西—英格兰联盟。为国而战,祖国的任何一寸领土都不得退让。[10]

在远东地区,海军少将德古坚持"与英国密切合作"的作战方针。他认为,在印度支那"如果英国撤回支持,这与遭到扼杀无异"[11]。在南部战场,海军上将埃斯特瓦"不理解为什么意大利不经过战斗就可以获得相当大的优势,而我方却被误导去相信在没有遇到一个敌人的情况下,我们的舰艇就会被摧毁"[12]。法国海军似乎一致认为:德国所提出的舰队中立是一种"危险的幻想",战斗将会持续蔓延到整个帝国。达尔朗则认为海军将军们身处远离世界格局的诡谲变化,故而后知后觉。此时却正是海军重新走上正轨的最佳时机。他下令发送电报,请命说服海军,使后者相信英国最终想要的不过是将法国舰队和法属殖民地占为己有:

一场粗暴的攻势正在被发动。通过无线电广播的宣传甚至通过外国领事馆官员的煽动,这场攻势运动正在迅速传播。其目的就是要在法国人之间制造混乱，并破坏法国人民的团结。

[……]

英国政府似乎是这场运动的幕后主使。如果该阴谋径行得逞，法属殖民地和法国舰队将落入英国的股掌之中。这一切不过是为了满足英国所追求的利益。

[……]

我们的舰队，要么留在法国，要么就玉碎于海中。[13]

6月24日，停战协定条款开始执行。其中第八条宣布了法国舰队的中立性。停战协定明确指出，虽然法国海军已经解散人员并解除武装，但它仍须处于德国占领军的控制之下。达尔朗则坚守军纪，他强调人民和军队不再处于战争状态当中，但必须制定民族革命的纲领，团结一致以复兴国家。尽管他的下属们提出了不同的建议，这位法国海军的最高指挥官还是坚持己见并做出了一个野心勃勃的决定：决心投身于政治。因其个性使然，不难让人理解他的这一决定。卡特鲁将军曾这样评价：

> 他具有某种天赋，具有强大而清晰的头脑，具有不可否认的组织能力，具有孤注一掷的勇气。毫无疑问，他很有能力，是一名精力充沛的水兵，也是一名真正的总参谋长。过往的实践已经证明他有能力构建和率领一支高素质的海军部队。在他的思维和意识之中，这支海军隶属于他，全面听令于他，是供他所用的权力工具。

第一章 从法国海军到自由法国海军

停战期间的印度支那总督还复述了丘吉尔回忆录中的一段话,这是对这位海军将领特别具有代表性的一段描述:

在人类利己主义的算计当中这是怎样的一种自负啊?很少有比这更令人信服的例子了。达尔朗上将只需登上他的任何一艘舰艇,到达法国以外的任何港口,就可以占有德军无法触及的所有法方利益。他永远不会像戴高乐将军那样,仅仅带着不屈不挠的灵魂和几个同伴便开始战斗。[……]

没有什么能阻止他成为法国的解放者。他所渴望的荣耀和权力近在咫尺。[14-15]

就在停战前三周,即1940年6月3日,达尔朗曾向于勒·莫赫坦白道:"将军们无心应战,士兵们落荒而逃。如果需要停战,我将用一场快意恩仇的行动结束我的军旅生涯。我将指挥舰队去战斗,我们将重新同英国结盟。"[16]该假设曾被十分明确地预设过,人们会认为达尔朗的野心可能会让他毫不后悔地放弃他所效忠的政府。但之后他陶醉于委员会成员的新身份所树立起的威信,把之前自己的话忘得一干二净。他还与投降派的大多数支持者都建立了个人关系,这些人主要来自战前内阁的左翼阵营。他真的想让海军投入到战争之中吗?这支曾在他当政的岁月里变得如此辉煌的舰队,这支他不愿其声誉受到任何损害的舰队,岂不就成了他所私藏的和氏之璧?当意大利参战时,达尔朗在当时政府的支持下取消了针对热那亚港的主要海军行动。保留了"他的"海军,作为保留未来的一种方式。

5 继续战斗?
第一批法国狙击手

在此背景下,法国海军的舰艇中,自发决定不服从命令并选择继续战斗的情况极为罕见。首当其冲的则是"独角鲸"号潜艇。其指挥官弗朗索瓦·德罗古并没有听到戴高乐将军在6月18日发出的呼吁,他曾短暂出任负责战事的副国务秘书,并因拒绝停战谈判而逃往伦敦。当他与第11潜艇师共同驻扎在突尼斯的苏塞时,他收到了上级的电报,通知他战斗停止。6月23日,他又收到了达尔朗的参谋部发来的反英指令,并通过使用署名为"Xavier 377"的命令了解到,海军所使用的密码已经交付给了德军。陆军方面,法国在突尼斯的驻军代表马塞尔·普里鲁顿也支持停战。德罗古在从驻地返回的路上,没有丝毫犹豫地向海军士兵们解释了他拒绝命令的意愿,并顺利得到了士兵们的支持。23时30分,"独角鲸"号启航,无视其所在编队的指挥官、海军准将韦恩的严格指令。潜艇关闭了无线电,但在夜间发送了最后两条消息,彰显了德罗古的决心,并充满挑衅意味:

> 叛离途中。我正前往一个英国港口。
>
> 致所有军舰。与我们的英国朋友一起继续战斗。必要时在英国基地集结。署名:法国海军指挥官德罗古。

· 第一章　从法国海军到自由法国海军 ·

该潜艇于 6 月 26 日抵达马耳他的瓦莱塔港，其情况并非毫无隐忧。没有任何舰艇与其汇合，并且前途未卜，中途偶遇英国的"钻石"号驱逐舰，后者未向这一排水量 900 吨的潜艇开火，也算是虚惊一场。幸而当它靠岸时受到了亲切的欢迎，负责联络英国皇家海军的法方联络官盖拉尔少校已经提前为他联系好相关事宜，并向他转达了戴高乐在伦敦的倡议。然而，停靠英国领土的这项决定在"独角鲸"号内部激起了一些波澜，这些争议在两天前还悄无声息。德罗古和他手下的将领们重新审时度势，回顾他们的初心——尽管他们此时还不清楚所坚持的是什么——但最终鼓励士兵们继续战斗。德罗古确信，法军在伦敦的抵抗力量会吸引很多部队，反正除此之外也别无选择，不是吗？有一些军官、一名海军士长、26 名海军下士和列兵追随着他，最终 36 名船员要求重新启航并投入战斗。德罗古将这个消息报告给了法国领事，然后又报告给管辖南部的海军上将，这证明了他依旧忠诚于法国海军。仅仅过了几个小时后，在第二天，一封电报便通知了戴高乐将军他将拥有"独角鲸"号的指挥权。这就是选择了自由法国的第一艘法国军舰。

有另一艘法国潜艇同样决定继续战斗。自 5 月以来，由乔治·卡巴尼耶上尉指挥的"红宝石"号一直在挪威峡湾布设水雷。它由海军上将霍顿及其所编入的英国皇家海军直接指挥，这在法国海军中尚属首次。尽管它曾在五月份被法国舰队召回，但法军领导层同意这艘潜艇编入英国皇家海军第九舰队，并帮助英方破坏纳粹德国海军在挪威的行动。到停战时，它已经完美执行了四次任务，这让英国海军上将们对其大加赞赏并向此潜艇先后发送了多条寄语，赞誉他们"总是以出色的方式完成上级委派的任务"[17]。"红宝石"号没有收到关于法国已经停止作战的消息，当它返回苏格兰的邓迪新基地时，感觉到它的任务似乎已经完成，于是脱离了英国皇家海军的指挥。尽管对戴高乐将军的倡议一无所知，但卡巴尼耶和他的船员还是决定继续战斗。

6 桑岛：从"天顶"号到"鸬鹚"号

在此背景下，法国的情势又是如何？从6月18日起，为了宣传戴高乐的倡议并推动其发起的抵抗运动，英国广播公司安排了"戴高乐军团"在固定时段播送其讲话。在法国国土危难之际，能够得知他倡议的法国人民少之又少。而对于了解这一倡议的法国人来说，支持与英国结盟共抗纳粹德国的人则更是寥寥无几。戴高乐的发言激发了工业兵和军需装备工人的热血。在桑岛这片弹丸之地上，在距离拉兹海峡8公里的海面上，人们目睹了法国大陆正被侵占，他们对于未来的生存充满忧虑：纳粹德国的战机对于布雷斯特的轰炸就是他们将要面对的未来。[18]岛上共有上千名居民，生活比较艰苦，主要依靠种植大麦、土豆以及打鱼为生，收获勉强可以糊口。平日里，他们与大陆的联系主要依靠一搜配备简易发动机的双桅帆船"天顶"号，它每周往返大陆与海岛之间一到两次。6月19日早，"天顶"号出海航行，船上载有几名乘客、一些货物及邮件，一直到奥迪耶尔恩，航行都一切正常。但在正午时分重新起启航的时候，20多名来自布列塔尼的年轻人要求登船。他们要响应戴高乐将军继续抗战的呼吁，向"天顶"号船长让-玛丽·门努解释了这一情况，希望船长能将他们送往英国。门努接受了他们的要求并答应将他们送往目的地。就在此时，由埃马纽埃尔·都彭上尉指挥的一支山地步兵小分队[19]抵达港口，他们拒绝放弃战斗，此时"天顶"号尚未出发，于是允许他们及其物资登船。

19时，船只抵达桑岛。大家抓紧时间将这艘本是运送邮件和货物的私人帆船进行了一番改造。虽然此时它还属于民用船只，但是"霍奇基斯"机枪已经装备在"天顶"号的两舷。门努答应了都彭在21时左右出发。他们将途经韦桑岛，最终抵达位于康沃尔和德文交界的普利茅斯港。4名桑岛居民登船并占据了船上剩余的位置。为了避免这些居民在海岸线遇险，门努改变了航向：他与另一艘小艇"维力达"号汇合，将人员转移至这艘船上，而军用物资则由他继续运输。最终，在两艘船都到达韦桑岛的时候，所有人重返"天顶"号，随后全船成员[20]向英国驶去。途中一切顺利，最终在6月21日上午8时，第一艘民用船只抵达英国，并加入了自由法军。

"维力达"号则返回了桑岛。在这座英国南海岸对面的小岛上，居民们聚集在一起收听奎梅努尔夫人的广播。几个星期以来，为了了解国家的近况，这已经成为居民们的习惯。6月22日中午时分，人们将收音机调至英国广播公司的波段：阿尔曼灯塔的看守亨利·多玛之前对大家说戴高乐将军经常在此处发表演说。上午11时，人们第一次在广播中听到了戴高乐将军的倡议：

海上的抵抗：自由法国海军史

桑岛的居民确认了英国会接受自愿前往的法国人民。[21] 几个小孩跑去将这条新闻告诉了正在忙于农活的大人。渔民们在回到岛上时也得知了这个消息。所有的青壮年都听闻了这个消息，作为天生的水手，他们在听到了戴高乐将军要为了法国而继续战斗的倡议时，他们坚信自己在海峡对面会有所作为。诚然，这里有他们的全部生活，有他们的妻子和孩子。但是在如此严峻的时刻，参加战斗难道不是他们首要的使命吗？于是所有的家庭都开始准备行装，这不是所谓的背叛政府，而是一个自发的选择。人们沉默地准备着，装备着船只。两天之后，本地的镇长路易·吉尔舍尔收到了坎贝省政府的命令，要求征收军备物资并要征用所有 18 岁至 60 岁的男子参军。[22] 危机将至，镇长会晤了岛上的主教路易·吉列尔姆，并叫来了当地最大的两艘船"维力达"号和"鲁瓦内-阿尔-莫尔"号的船长让-玛丽·波斯蒙盖尔和波斯贝·古扬德尔。"维力达"号在夜幕降临时就会出发。22 时，在圣母经和天主经的喃喃诵经声中，两艘船搭乘着十几名船员启航，投入到英国广播公司的节目中所描述的"世界大战"当中。年纪最小的几个少年看到他们的父亲奔赴前线，燃起了他们的熊熊斗志，而吉列尔姆神父则劝留了他们。

两天之后，马丁·吉尔舍尔的"玛丽-斯黛拉"号、弗朗斯瓦·福盖的"鲁瓦内-阿尔-贝欧克"号和皮埃尔·古扬德尔的"鸬鹚"号也出发前往桑岛接收余下的 114 名志愿士兵。[23] 他们为了躲避德国空军的巡逻而再次选择昼伏夜出。德军在 7 月初抵达该岛，布置地雷和铁丝网，控制当地居民的行动[24]；对于那些留下来的人，战斗也开始了。

7 米塞利埃

在近 40 名法国海军将军中，有一位将军突然决定要继续战斗，这位就是埃米尔·米塞利埃将军。埃米尔·米塞利埃 1882 年出生于马赛，是一位杰出的海军将领。1899 年他曾就读于法国海军学院，和达尔朗将军是同届校友。在第一次世界大战中曾作为机枪手在伊赛河同比利时进行作战。在之后的 1919 年，法国与白俄罗斯作战时，他曾出任海上作战总指挥。他有效地遏制了斯卡尔普河一带的叛乱，这一功勋赢得了水兵们的拥戴。不过他在危险的行动中也曾犯过不谨慎的错误，使得一些士兵在行动中丧命，他也为此饱受责备。由于他与苏维埃官员们来往密切，被称为"红色"海军中将，并因此在法国高级将领内部生起了一些流言蜚语。在两次世界大战之间，他充分利用了自己的社交关系，与诸如保罗·班勒卫和乔治·克莱蒙梭等政界官员拉近了关系。他还执行了间谍与反间谍的相关任务，提高了他关于信息情报类工作的能力。

在这场新一轮冲突爆发的前夕，这位育有四名子女的父亲尽管战绩辉煌，但人们对他的评价却大相径庭：他的智慧和分析能力曾多次受到称赞，但他的特立独行在高级军官中却获得了许多负面意见，他的一些决定也备受争议。

海军第四军区司令德拉博德少将的评价：

海上的抵抗：自由法国海军史

  米塞利埃将军在他行使职责的过程中展示了最杰出的聪明才智和工作能力。遗憾的是，他的指挥质量参差不齐。由于其多虑且多疑的性格，他总是在意官员的隐私秘事以及上级部门的监察行为，其程度远超指挥的需要。

  他在指挥方式上的冲动和紧张，以及他对兵械库几位主管所用的愚笨且粗暴的语言在西迪－阿卜杜拉造成了无法挽回的局面，由于这些令人遗憾的指挥方式而导致事件很难在地区层面得到解决。对于米塞利埃将军来说，他个人经历中的精彩引述使我不会认为他会犯同样的错误；即使他的缺点依然存在，但至少在去年他刚开始工作时已经大大减少了。这一明确的事实使我坚信，这些缺点在很大程度上必须归咎于他那日益衰弱的健康状况。米塞利埃将军病得很重，需要治疗和长时间的休息。不幸的是，他完全不接受这一观点，他继续精力充沛地履行职责，他所做的这一切当然令人钦佩，但是不论对于他自己还是对于部队来讲都更令人感到惋惜。

  不管如何对他进行评价（尽管在解释米塞利埃将军的严重缺点时，我已经给出了最有利于他的评价），他绝对不适合指挥。

1935 年 7 月 25 日于比塞大[25]

海军司令布莱里少将的评价：

  总体而言，作为一名指挥官，其表现令人满意，但在双向行动演习中，显示出他对一些基本战术的了解较少。他精力充沛，威严感十足，尽管有一些健康问题，但依旧充满干劲。与长时间的任务准备比起来，他更注重眼前的成果。精明、能随机应变，偏爱与谈判、外联相关的一切活动……

非常聪明以至于能保持理智的思考，但往往考虑问题比较肤浅，不愿深入思考或学习，有时过度的想象力会影响理智，导致他有时发表与常识相反的意见……

有奉献精神，乐于助人，但缺乏安全感，不够坦诚；不圆滑，能力不平衡，品质优良却又有严重的缺点。

其在返回突尼斯之时没有上报。

1937 年 7 月 31 日于拉佩斯里[26]

地中海舰队司令阿布里亚尔少将的评价：

他雄心勃勃、善变、聪明、自负，善于阴谋算计，依靠这种阴谋来满足他的远大抱负。富有权威，但对他直属的下属却缺乏威信。能够一时展现出巨大的能量，但不喜欢持续不断的努力。在某些情况下，可能会有剧烈和冲动的反应，导致他犯下严重的错误。

充满智慧，但又常常是肤浅的，因为他任由自己被胡思乱想所迷惑，而不去深入研究他所处理的问题。米塞利埃将军虽然具有某些优秀品质，但更有一些无法掩盖的缺点，使他无法拥有真正的军官气质。他的才干和见解并没有让他做好在海上指挥的准备，这一切导致他最终不过是平平无奇。

> 总体而言，尽管米塞利埃将军有一些优点，但仍需要指导和改正。我认为他不适合担任总司令。
>
> 1938年8月1日于土伦[27]

以上这些评判并不完全靠得住，这些人并不是对于一些具体事件或问题做出评价，而是言语之中充满了对于米塞利埃的不信任和恶意，而这些一直都伴随着他的整个军旅生涯。但相对统一的评价似乎也可以反映米塞利埃的一些性格特征，不过这也是他的同事们特别是一些高级将领对他多年积怨的结果。他的私人生活也助涨了人们对他的猜疑，引发了一些负面传言。1927年，土伦市警察曾在他与一位叫作奥斯瓦尔德夫人同居的住所中搜出鸦片。他虽驳斥这一事件并把其归结于政治报复，但案件疑点重重，而且不论真相究竟如何，在一个社会性和文化性都趋于一致的团体中，他的生活方式始终是不受欢迎的。此外有一件事十分确定：米塞利埃和达尔朗相看两厌。其影响从前者的卸任之后便愈演愈烈，一直持续到大战发生。米塞利埃从不掩饰他对于海军元帅咄咄逼人的强势反击，比如在1937年他曾声称"这是一个踩着竞争者尸体达到顶峰的男人"[28]。

战争打响，米塞利埃被任命为马赛海军司令。意识到作为远洋舰队的负责人，他对禁运品的管制能发挥更大的作用，于是积极打击运往德国的违禁品，这项工作使其在马赛大量树敌。布雷巡洋舰"普鲁顿"号在卡萨布兰卡爆炸[29]的这一事件中，米塞利埃被追责，因为该舰隶属于马赛护卫舰队。最后，由于政府内部势力的博弈，达尔朗于1939年10月9日将他提升为中将，但在两周之后又将其撤职。

米塞利埃再一次证明了他的特立独行，他并不满足于作为前将军安逸的退休生活。1940年冬天，他在《马赛人》报刊尝试从事新闻工作，之后在工业设备制造企业亨利·阿麦尔集团担任工程师。在大逃难时期，他"开着一辆废弃的汽车"[30]离开巴黎，沿途的光景使其大为震惊。在雷诺总理的特殊指令帮助下，他试图带领一些部队加入卢瓦尔河沿岸的战斗中，但以失败告终。然而他却暗下决心：回归战斗是可行的也是必要的。他将家人转移至奥弗涅，于6月23日登上了英国运煤船"西都尼亚"号，在躲开了敌军潜艇的袭击之后于27日抵达直布罗陀海峡。克劳德·佩里中尉在那里与他会合。他鼓起勇气为米塞利埃奔走游说，试图说服停靠在港口的法国舰艇听命于他。最终以"莱茵"号货轮上的激烈战斗为代价，除了一艘舰艇搭乘着不想继续参与战争的船员返回奥兰之外，克劳德·佩里联合了所有的舰艇。米塞利埃明白，这将会是在英国的法国海军中一支极其重要的武装力量。他与英国海军司令部取得联系并决定前往英国重整旗鼓。最终他于6月29日夜晚至6月30日凌晨乘坐水上飞机抵达伦敦。

8 仍属自由的法国海军

6月30日晚间，英国皇家海军把这首位到来的法国海军将领带到泰晤士河前的圣斯蒂芬宫，并在当晚与戴高乐将军会面。[31]会面很简短,显然这位海军将领完全领会了自己的使命。他毫不犹豫地接受了戴高乐的领导,认可了他在法国战败后的抵抗行动,并认可了一个比自己军衔更低的军官的领导,这一点体现了此次会面的成效。然而在个人层面上,两人之间并不能达成共识。米塞利埃发现他的新领导人难以捉摸、死板,并以不友好的方式描述他。[32]戴高乐则对米塞利埃的名声早有耳闻,包括他的"个性特征",以及他的诸多"海军事迹"[33]。会面在友好和谐的氛围下进行,因为两位主角的目标是一致的,但在漠视俗世且沉默寡言的将军与侃侃而谈的海军中将之间,并没有产生战友般的温情。

然而,戴高乐内心十分清楚自己招揽到了一位"睿智的行家里手"[34]。他决心克服自己内心的犹豫,最后一次向身边的海军军官询问了米塞利埃的情况。他得到的答案很明确:米塞利埃在他的军旅生涯中从未有过毁坏荣誉的想法。第二天早上,戴高乐正式授予他组建自由海军的艰巨任务,命令如下:

> 1940年7月1日,于伦敦
>
> 现任命米塞利埃中将为法国海军的指挥官。无论这支队伍意义何在,身在何处,都归属自由阵线。
>
> 他暂时在相同的条件下指挥自由法国空军。[35]
>
> 署名:夏尔·戴高乐

最后,戴高乐将米塞利埃介绍给了另一位海军高级军官,后者愿意协助他完成这一艰巨任务,此人就是海军少校蒂埃里·德阿根利厄。同之前与戴高乐见面的情况类似，无疑他们继续战斗的目标是相同的，但这位新合作者的性格与米塞利埃也是大相径庭。1906 年，德阿根利厄十分年轻就进入法国海军学院学习，在第一次世界大战期间加入加尔默罗会第三军团，并在地中海区域作战。随后他离开军队，但保留了法国海军预备役军官的头衔，并前往罗马学习神学。1920 年，他宣誓成为三位一体路易教派的一员，并于 1925 年成为神父。他出色的组织能力、创造力以及严谨的思考能力使他脱颖而出，不久之后他就来到了巴黎的卡尔莫教区主理教务。战争打响之后，他于 1939 年 8 月 26 日被召回，并被分配到国防部的瑟堡参谋部，1940 年初晋升为少校军衔。作为高级教士，他的性格十分老成持重，以至于在同僚之间默默无名；他认为军营是个很糟糕的地方，他讨厌那里的无所事事和俏皮笑话。在法国战役期间，科唐坦半岛地区进行了顽强的抵抗，让瑟堡的船舰能够装载最大数量的装备起航。德阿根利厄也一刻不停地转移和销毁正在建造中的潜艇。当瑟堡于 6 月 19 日投降时，他随即被监禁。6 月 22 日，他被带到德国，但最终设法逃脱，被一个农民收留。彼时他既不知晓戴高乐的倡议、又不接受贝当的停战协议，但深信法国海军已经做好准备参与到英国与德国的战斗中去。他组织一些渔民和三名水兵随他一起离开，并于 6 月 30 日在戴高乐将军处报到。

第二章　洛林十字下的军队

米塞利埃住在格罗夫纳酒店，在圣斯蒂芬宫拥有一套配有三个房间的办公室。在他与戴高乐会面后的第二天就开始组建团队，新成员包括沃瓦辛中尉、正在英国执行任务的贝丁少校、翻译官斯特凡·森丁，当然还有德阿根利厄。米塞利埃在当天就发出了第一条命令[1]，以自己的方式"呼吁"继续抗战。他免除了军官、海军士兵和空军士兵对于之前命令的服从义务，"在敌人的威逼下，那些同意不经战斗就交出舰队的人，在我们的荣耀历史上是前所未有的"。这一命令下达至所有的军舰和商船，通过其最近的自由法国基地或盟军基地进行传达。消息的内容直观明了且毫不妥协：最重要的是要让海军立即恢复行动。

7月2日，米塞利埃发出另一条命令，通过悬挂不用的标志来区分自由法国和维希政府的舰艇，既实用又具有动员力："佩有与纳粹万字符针锋相对的标志让我们的运动具有真正的可以媲美十字军东征的魅力。"[2]他选择了一面中央有洛林红十字[3]的蓝色方形旗，以向他原籍洛林的父亲致敬。因为他在前往英国的飞机上掠过盟军和维希政府的船只时，却无法区分它们，于是他想到了这个标志，并且十分钟爱这个独特的标志。同样，这个标志也适用于自由空军。当天他再一次发出命令，要求所有军官都亲自到他面前接受任务，并收集相关的可用人力和舰艇的必要信息。他明确表示，他只想要自愿参加抵抗运动的人加入，而不是强制或拘禁任何他人，但任何破坏抵抗运动的行为都将受到现行法律法规的惩罚。最后，他为海军士兵们提供了坚实的保证：

我郑重承诺：
一、既不向敌人也不向我们的英国盟友交付任何法国军舰或商船；
二、尽我所能帮助那些不想继续战斗的舰艇返回法国和摩洛哥，但须满足以下条件：
1. 在英国港口的法国舰队的总指挥官须按照命令在 7 月 9 日中午之前将名单发给我；
2. 舰艇没有被损坏。

在行政层面上，自由法国海军自此已经正式创建，并拥有了自己的实体身份。它所面对的挑战在于如何争取更多的人力和物资。因其军事的独立性和参与的自愿性，米塞利埃相信这一组织可以在水兵中引起强烈的反响。除了"红宝石"号和"独角鲸"号潜艇外，"侯杜斯总统"号以及其他一些停靠在直布罗陀海域并与米塞利埃保持密切联系的商船也正式加入了这一组织。在伦敦的奥林匹亚展览中心，被安排在此的桑岛人已经准备就绪。他

46

们的加入让人振奋，让人重拾希望和自豪。刚刚组建并前来投靠的军队中约90%的水兵和官员都将加入自由法国。[4]

1　万难的开局

难道会是错觉吗？在海峡对岸，成立于维希的新政权继续下达着命令并得到顺利地执行。贝当元帅在各部队中都很有权威，很少有水兵依旧保持怀疑态度并不服从命令。由于担心家人会在德军的占领下遭难，士兵们守着并不确信地承诺，渴望在等待几个月后恢复正常生活。他们对法国在陆地上的战事感到遗憾，并认为战争已经结束。许多预备役水兵并不习惯严苛的军旅生活。船上的气氛则更为紧张，[5]大多数人仍然对戴高乐将军的意图秉持怀疑态度，他们认为他冷酷而孤僻。[6]商船的船员受到的影响较小，没有涉及在内，但也在战时无法恢复工作，并且他们也两边同时观望，渴望获得法国当局的财政援助和支持。

实际上，英国也对自由法国暗中作梗，并对军队中蔓延的失败主义情绪大加利用。他们既不希望看到外国海军的船舰和装备离开，也不看好法国这一分遣队，觉得他们无所事事并效忠于一个合作政府。法国抵抗运动仍然很少引起人们的关注，所有人的焦点都在德国将入侵英国的计划上。事实上，如果德军成功登陆大不列颠岛，希特勒就可以向法国当局施压，煽动法军士兵造反或阻挠英军的行动。防范以上这些危险的假设已经刻不容缓。戴高乐的抵抗运动在温斯顿·丘吉尔身上收到了富有远见的回应，但英军总参谋部和国家安全部门却反响平平。从 7 月 1 日起，英国紧急武装 12 艘远洋轮渡和货船，这些船只自愿将 2 万名从敦刻尔克成功撤退的士兵运送至摩洛哥。自由法国的吸引力依旧很弱；该运动仍然只有几百人参加，根据后世的说法，仅桑岛人就在自由法国之中占四分之一。

2　法兰西危机

在 7 月初，与其说丘吉尔相信法国抵抗运动的计划，不如说他更关心的是这个能够千方百计地激励英国人民行动起来的新战略。在政治层面上，过去几个月一直打"法国"牌的他，完全背离了维希的和平事业。他现在更想表明，在文化和思想上的亲法丝毫不会影响他的作战。究其原因，则是法国在外交层面并未信守承诺。1940 年 3 月 28 日在伦敦举行的最高战争委员会联席会议上，张伯伦和雷诺二人曾庄严承诺英法双方不会单方面参与任何和平或停战条约的谈判。这一承诺曾让英国放下心来。但两个月后，英国作为盟友目睹了法国在军事和政治上的彻底崩溃。此外，法国还违背了需要将在法国领土上俘获的德国飞行员送往英国的承诺。[7]

面对法国当局的新态度，法国舰队的问题也很快显露出来。丘吉尔希望通过采取必要的预防措施来保护英国。如果德国最终成功整合法国舰队，则极有可能开始进行登陆和入侵英国的行动。此外，英国政府还了解到，德方与法国海军有关的停战条款

海上的抵抗：自由法国海军史

上，根据其英文译文，第八条中的"控制"一词更多地被解释为支配而不是监管。6月23日，庞德给达尔朗发了一封电报，邀请他继续并肩作战，或者将舰队的剩余部分派往英国港口。该电报被认为暗含一种操纵的企图。与此同时，英国外交官试图腐化摩洛哥的行政人员，并派遣谈判人员乘坐"马西利亚"号出发前往摩洛哥，以寻求他们对于法国新政府的支持。[8]在接下来的几天里，局势愈发紧张，技术层面的中断使交流变得困难，现在的电报发送不得不经由西班牙才能最终抵达。至于法国当局政府在波尔多召开的会议，几乎都是在讨论德国的占领问题，并把决定权全权委托给了达尔朗。当时的法国海军在德国步步紧逼的要求和英国日益冷淡的态度之间左右为难。即便如此，在停战期间，如果德军接近这些法国舰艇，舰艇就会收到凿沉或驶往美国的命令。但英国不再相信这些，英王乔治六世就参战舰队问题曾向法国时任总统勒布伦发出警告，却仍然没有收到可靠的答复。一切都使英国忧心忡忡，尤其是极度仇英的皮埃尔·拉瓦尔加入当局政府，更是加剧其担忧。在数周以来，英国海军也同样一直对法国舰队持保留意见。战争委员会已经对可能出现的战事危险发出警告，丘吉尔和海军上将达德利·庞德于6月17日确立了一项原则，即在法国单方面媾和的情况下，英国海军即可获得法国舰队的控制权或使其丧失战斗力的权力。6月17日至6月27日，英军以"胡德"号战列巡洋舰和"皇家方舟"号航空母舰为核心组建了一支舰队，在各个战区监视法国海军。一场代号为"弩炮"的大规模行动已悄然发起，其目的在于打击法国海军最有战斗力的舰艇并同时引起舆论的震动。

3 "弩炮"行动

在缺乏法国方面保证的情况下,丘吉尔很快决定对其转入对抗模式。随着德国威胁的不断加剧,该政策很快就贯彻下去。从6月27日起,对驻英法国军官的不信任感才逐渐平息:英国海军司令部在港口和战舰上组织了友好会晤,任命了对法联络官,除了传递相关支持和意见、收集法方有关装备技术的请求之外,还进行心理情况评估和法国造船技术研究。他们一边熟悉船只,一边准备着武力强攻的计划。"例行"的访问和邀请持续多日。

7月3日夜间,行动正式启动。凌晨4时30分,英军开始集结,包括在朴次茅斯港和普利茅斯港的机库和舰艇中,以及法国舰艇背面的掩体内部,都有所动作。所有的法国大型船只,包括鱼雷艇、战列舰、军用商船都被风暴般袭击。英军控制了甲板,武器室、导航站等要害部门均失去效用,法国船舰在其指挥官被威胁的情况下行驶。法方的惊慌失措很快被愤怒所取代,当不以人质为射击目标的原则被打破时,冲突迅速升级。在这种情况下,法军水兵只能用国骂表达他们对此次突袭的所有想法了。在普利茅斯港,"速科夫"号上的情况更为恶劣。前一天还在餐桌上敬酒的联络官现在全副武装带着军队,勒令所有官兵离船。一名法国枪炮长意识到舰艇正遭受猛烈袭击,便拔枪向两名英军长官射击,而后者正在瞄准另一名士兵。当驻舰的军医看到一名英国军需官拿着刺刀扑向他时,他也随即开枪。一名英军士兵扑倒并刺伤了一名"速科夫"号上的年轻军官——机械工程师伊夫·丹尼尔。在接管"速科夫"号控制权的过程中,四人死亡。[9]同样在普利茅斯,"西北风"号鱼雷艇的军官们开始凿船自沉,[10]几个舱室被淹;袭击者随后便威胁要封锁出口,并使该船船员在行动中丧生。法军最终发出了反击命令。

士兵们上岸了,重新驻扎在之前参与"发电机"行动的士兵留下的营地中。入侵是可以确认无误的,因为当一些船员回到舰船上去取一些个人物品时,物品经常会消失不见。[11]这增加了法国水兵的仇恨情绪。最终许多法国军官被关押在马恩岛,并与部下分开。尽管如此,有一艘军舰却享受优待权,那就是"红宝石"号。这因其在执行任务中的出色表现,也出自该舰艇的船员和英国水兵之间共事了数月的友谊。英方舰队的长官詹姆斯·罗珀不想在接管时产生羞辱性的场面,他便独自登上了舷门。他向卡巴尼耶解释了正在进行的这一行动,并很抱歉他不得不做出选择。几天以后,这艘潜艇毫不犹豫地正式加入了自由法国海军,继续执行任务。

4 米尔斯克比尔港的惨烈海战

与此同时,一场无效沟通的对话在地中海最重要的法军基地之一进行着。该基地位于奥兰的米尔斯克比尔港,法国海军突击舰队就驻扎在这里,这是法国海军最宝贵的力量之一。该舰队包括"普罗旺斯"号和"布列塔尼"号战列舰,以及"敦刻尔克"

号和"斯特拉斯堡"号巡洋舰,以上这些军舰都非常先进且行动迅速。此外还有6艘驱逐舰和1艘水上飞机航母,即"泰斯特指挥官"号。自战争开始以来,它为美国和欧洲之间的航行安全做出了贡献。在港口之外,本应驻扎在直布罗陀的英国 H 舰队就停靠在这里,该舰队由萨默维尔海军上将指挥,由大约15艘舰艇组成,其中包括一艘航空母舰和两艘战列舰。清晨6时10分,"敦刻尔克"号的指挥官,法国海军上将让苏尔收到了第一条消息:"请尊贵的法国舰队与我们一起继续战斗,或者行进至另一个港口。"让苏尔派他的副官杜菲上尉会见指挥官霍兰德。后者为他提供了英国向所有法国舰船提出的五种选择:加入对抗德国的战斗;在不参与对抗德国的战斗的情况下驻扎在英国港口;前往西印度群岛的法属领地;前往美国;自行凿沉。如果不在这些解决方案中做出选择的话,势必会引起一场不可挽回的争斗。接到以上消息之后,让苏尔考虑到了目前的情况并将其汇报给有权管理停战事务的上级。他立即排除了与德国开战和前往英国的可能性,这些解决方案可能会因纳粹报复而危及被占领的法国本土。他也没有考虑去西印度群岛的可能性,因为这种方案已经被达尔朗设想过,如果德国与法国舰队靠得太近则会过于无视英国海军。英国海军继续执行其政府的命令,并在早上向法国海军突击舰队发出最后通牒。与此同时,法方管理层正设法与维希取得联系,通讯困难导致对话放缓。[12]分别在上午和下午的早些时候,杜菲和霍兰德曾多次各自与他们的上司会面并交换意见。对于法国来说,目前不会对英国产生任何威胁,未来也可以在没有政治协调的情况下找到军事解决方案。当英国官员得知法方船舰将停留在奥兰时,为什么还要如此迅速地进行干预?对于英军来说,冲突已经发生,必须当机立断地了结,并且他们也不能确信法国舰队不会收到被召回本土占领区的命令。两次推迟了最后通牒时间后,若海军上将苏尔依然不能承诺追随英方,英国将发动攻击。英军在执行该决定时,同法国的处境一样艰难。在尝试进行最后一次和解谈判后,霍兰德从"敦刻尔克"号下船,并在杜菲的陪同下返回"胡德"号。16 时 35 分,他回到船上,望着杜菲的快艇离开。他将否定的回答转达给了拥有决策权的海军上将萨默维尔。16 时 56 分,英国的"决议"号战列舰首先向法军开火,这是自滑铁卢战役 125 年零 15 天后,两国之间首次直接交火对抗。[13]

驻扎在港内的舰队立刻采取紧急行动,大多数的水兵都处于惊讶之中。在 1 分 30 秒之后,"普罗旺斯"号首先做出反应。"斯特拉斯堡"号在海岸炮台的掩护下开始猛烈回击。"敦刻尔克"号被第一轮攻击同时射中,不得不逃向桑顿山。"布列塔尼"号在 16 时 59 分被炮弹击中,巨大的火柱从船身的后部伸出。内部的爆炸一个接一个。七八分钟后,大火已经抵达舷梯,船体也开始下沉。"布列塔尼"号在 17 时 09 分倾覆,最后沉没,共 977 人死亡。"普罗旺斯"号也最终在 17 时 03 分被击中,造成数名水兵死亡并导致了严重的漏水。这艘 166 米长的战列舰在浅滩上搁浅。"莫加多尔"号驱逐舰也被击中,之后其他舰艇也未能幸免,"泰斯特指挥官"号奇迹般地安然无恙,并救起了"布列塔尼"号上的幸存者。

第一波进攻于 17 时 12 分结束,萨默维尔的舰队笼罩在层层烟雾中。追击"斯特拉斯堡"号的战斗继续在海上进行。鱼雷轰炸机从"皇家方舟"号上起飞,但未能追击到这艘由科利纳上校所指挥的法国巡洋舰。后者在第二天抵达土伦港,并很快与"泰斯特指挥官"号汇合。至于潜艇,英国海军无法做出更有效的打击,只能发射深水炸弹将其驱逐。第二天,英国皇家海军的一艘潜艇击沉了发生通信错误的法国护卫舰"里高尔·德·热诺瓦里"号。最终,在7月4日夜间至7月5日凌晨,旨在击沉"敦刻尔克"号的一轮轰炸击中了该舰附近的一艘小型舰艇。这场悲剧在法国海军中共造成1297人死亡,500人受伤。

5 绅士协定

自5月以来,有一支法国舰队一直停靠在亚历山大港。作为"布列塔尼"号的姊妹舰,历史悠久的"洛林"号战列舰也在其中,四周围绕着几艘巡洋舰、鱼雷艇和一艘潜艇,舰队共由九艘先进而高效的舰艇组成。按照命令,英国海军部对待这支舰队与对待奥兰港的舰队相同,即控制或击沉船只。英方负责执行任务的是安德鲁·坎宁安勋爵,对手则是他的姐夫,海军上将勒内-埃米尔·戈德弗罗伊。亚历山大基地在英国的控制之下,并且针锋相对的两支舰队都身处防波堤以内。如果落得像米尔斯克比尔港那样悲惨的结局,那无须任何海战计划,只要进行对射即可,这种局面让彼此双方都陷入沉思。法国水兵十分紧张,但直到最后一刻都保持纪律严明。戈德弗罗伊奉命驶离亚历山大港,并命令船员做好凿沉船只的准备。命令传开，战斗正在准备中，此时法军发现英军的"厌战"号战列舰的大炮已准备就绪并对准自己。讽刺的是，就在7月4日上午，英法双方还曾让他们的舰队一起组队航行以对抗路过的意大利轰炸机。警报响起，"厌战"号的大炮炮口归位至舰首方向，不再那么有威胁性。双方能否冷静一下稍事暂停？无论如何，法国舰队中的所有人都拒绝相信它的同盟会如此卑鄙地进攻。法军指挥官以非凡的沉着表现出他们的信心：清洗舰艇的甲板，在"迪盖-特鲁安"号上搭起脚手架进行涂漆，并邀请"洛林"号的船员游泳。

7月5日，戈德弗罗伊同意取消作战命令。但有些事情已经改变了。士兵们在下午得知坎宁安和戈德弗罗伊之间达成了一项"绅士协议"：法国大炮的撞针将被拆除并寄存在领事馆，并且清空油罐；另一方面，英军释放法国水兵，归还船舰的控制权，恢复法国军事通信等等。双方共同商议并确定了11项停战及保障措施。在上述过程中，年轻的海军中校菲利普·奥博伊诺的角色至关重要。他在对战停止前担任法国的联络官，建立了双方决策层面之间的对话，说服双方缓和紧张局势，并制定了协议条款。

在伦敦，丘吉尔最初对坎宁安的态度感到惊讶，后者的任务是敦促法方在五个备选方案中选择一个。但是鉴于这次行动的成功，并为了减轻米尔斯克比尔港悲剧的影响，丘吉尔最终在下议院关于"弩炮"行动的发言中接受了海军的决定，甚至夸大了针对法军的措辞："在亚历山大港，由一位骁勇善战的海军上将指挥的法国舰队接受了我们的提议。"而后全世界都知道，英国通过攻击法国的船舰来"使其焚毁"。公众舆论意识到,丘吉尔准备成为一个无情的领导者,既反对纳粹,也反对所有可能选择纳粹阵营的人。

6　惊警之时

一直以来,对于上述这一历史事件都众说纷纭。经多方证实,英国政府预谋了这场政治上有利可图的政变。虽然可以用法国海军的仇英情愫来解释一切,但却忘记了让苏尔本人,他在悲剧发生前几个小时依然是与英国和解的支持者。最终只有达尔朗被指控,这是一种更稳妥但仍显草率的处理方式。他已经在希特勒的恫吓下做出了牺牲,但不能两次背叛他的国家,于是他拒绝了昔日盟友的要求。这场悲剧被一次又一次地归咎于背信弃义抑或是被误解的荣誉,但唯一切实的教训其实是维希法国和英国之间在各级指挥和政府层面上令人难以置信的相互猜疑。对于维希政府,这种不解现在已经变成了厌恶。达尔朗怒不可遏,迫不及待地想要攻击在直布罗陀和其他地方驻扎的英国海军。贝当竭尽全力让他平静下来,并认为"一次失败已然足够"。希特勒也乐于在停战条款上丢车保帅,允诺恢复法国海军还击英国海军的能力,并希望法英关系更加疏远。法国舰艇重新获得一定的航行自由,法方的技术人员也重返岗位。[14]法国海军成为一支被烈士所加冕的军队,一支令人同情的军队。恢复海军的军力成为要优先解决的问题,甚至这是一个关乎荣誉的问题。几乎所有的海军军

海上的抵抗：自由法国海军史

官都在米尔斯克比尔的灾难中失去了至少一名同年参军的战友。[15]这次袭击还让德国在许多法国士兵眼中被视为可能的合作伙伴，也让大家再次陷入迷茫。故而自1940年夏天起，德国海军在占领区的压力剧减，德国空军也开始在法国北部驻扎。[16]米尔斯克比尔港的海战间接地成为不列颠之战的战前铺垫。

对于流亡伦敦的人们来说，不安并没有减少。一些抵抗者们离开了自由法国，这些不堪行为被众人口耳相传。德阿根利厄决定在肯辛格隆修道院闭关几日，"弩炮"行动并不是他这样做的主要或唯一的原因，他对自由法国运动的管理同样有些许犹疑。自从与米塞利埃会面后，他一直对自由法国海军所采取的方针怀有顾虑，[17]但同时也对面前这个与他行事截然相反的人感到钦佩。[18]为了判明最佳的行动方案，他选择了闭关冥想。米塞利埃在自身角度上则从未放弃过思索：如果自由法国海军想要继续招兵买马，就不能忽视抚平创伤的必要性。一个设立在英国的法国官方海军，在这种情况下该如何应对？他选择抗议，要求归还被扣押的船只，要求对受害者家属进行额外的赔偿。在他的职业生涯中，曾指挥过此次几乎失去所有船员的"布列塔尼"号，故而他有着特殊的情绪。尽管如此，他还是想继续推进组织的发展，纵然自由法国海军刚刚遭受了此次严重的打击。这场悲剧显然削弱了所有想要邀请法国士兵加入伦敦之人的立场及其说服力。

戴高乐将军本人的立场则十分动摇，因为他的东道主随时可以向自己亮出匕首，故而他不再那样亲英。他计划离开这里并想要在加拿大隐退。几天以来，他强迫自己保持一定沉默，只有这样才能让他从更大的格局中得出结论并重新评估"弩炮"行动。直到 7 月 8 日,他才联络米尔斯克比尔海军基地,宣布他决心继续参与战斗,但带着厌恶的情绪:"(我敦促英国人)不要把这场令人发指的悲剧描绘成海军的成功。"[19] 在同一天,"弩炮"行动在达喀尔发动了最后一次袭击:来自"竞技神"号的六架鱼雷轰炸机击中了"黎塞留"号,损坏了一个螺旋桨传动轴并形成了漏水缺口。[20]

7 重启协同作战

从逻辑上讲,此次事件本应在外交层面上使自由法国更接近它的东道国。但戴高乐军团并没有对外界的评论做出任何回应,为忠于自己的使命,还是艰难地接受了这波并非不痛不痒的冲击。英国方面,外交部、唐宁街和海军部都迫不及待地要尽快翻过这一页。平静下来后,米塞利埃接受了与英国海军头号人物达德利·庞德的会面。英国皇家海军希望尽快忘却这一事件,军官们的反应同政客及评论员的正面评述大相径庭。海军方面认为这种做法将成为写进历史的耻辱,谴责这种所作所为败坏了声名。此次行动后,霍兰德海军中将甚至要求解除他对"皇家方舟"号航空母舰的指挥权。[21] 另外,英国海军还需要继续展开协商与谈判,因为其与法国海军共同行动的目标并没有改变。至于自由法国,他们则想方设法避免先前加入的法国士兵离开队伍,并且利用反英情绪来招兵买马。

海上的抵抗：自由法国海军史

为奠定军事合作的基础，自 7 月 5 日起英方与米塞利埃展开对语。后者首先要求归还法国军舰和商船，要求英国军火库在后勤事务上提供协助，最后要求明确自由法国海军的参战将会给自由法国带来的益处。但在作战层面，米塞利埃很清楚双方的不对等关系，于是他"承认其部队接受英国海军的统一指挥，但同时也可以自由决定是否执行上级的命令"，这是一种依从关系中享有最高自主权力的戴高乐主义悖论。英国海军部起初对此反应并不积极，他们打算立即武装几艘法国船舰以保卫海岸和航行安全，并重新提起将法国水兵招募至英国皇家海军。至于作战指挥权，英方并没有提及这个问题。

尽管进行了以上的协商，但自 6 月 26 日起，戴高乐将军开始处理与正在成立之中的"自由法国军团"相关的组织问题。[22] 他反对米塞利埃的海军协议，并认为必须要在政府与"政府"之间进行谈判。戴高乐认为，这位海军中将实际上超出了他的指挥职权范围，并做出了首次"政治"上的僭越行为，他必须立即收回这些权力。7 月 12 日，戴高乐与迪肯斯海军上将举行了会议，后者是英国海军二号人物的副手，负责协同外国海军的外事关系。船舰的武装问题被再一次提出，迪肯斯强调，为保护英国海岸，武装所有的船舰十分紧迫。法国水兵也还没有进行职能分工，各部门人员配备齐全还需要时间。戴高乐对此表示赞同，并认为船舰此时停滞不动不合时宜。他因此同意英国皇家海军使用法方的船舰。在会晤的前一天，迪肯斯也同样将自由法国海军的章程提交给战时内阁，从而使自由法国的海军合法化。此外，戴高乐还取得了政治上的成功。在法国海军部队待命人员的问题上，他提供了三个官方选择：返回法国、加入自由法国海军或"在将军的授权下"入伍英国皇家海军。尽管这是一种对其权威不痛不痒的理论上的认可，但这是首次承认抵抗运动领袖永远拥有最高权力的标志。

接下来的几天，谈判协商在自由法国和英国政府间的总体合作框架内继续进行，双方海军不再各自直接参与重大协议的拟定。戴高乐及其首席顾问和内阁成员勒内·卡辛与温斯顿·丘吉尔及其顾问威廉·斯特朗展开对话。8月7日，双方签署了一项协议，承认戴高乐为所有自由法国军团的领袖。针对作战指挥方面，文中的一段话明确了界限：

> 拥有法国军队最高指挥权的戴高乐将军在此声明，他接受英国作战指挥部的一般性指示。如有必要，他将在征得英国最高统帅同意后，将其部分的部队直接指挥权委托给一名或多名适当级别的英国军官［……］

理论上的从属原则对继续战斗至关重要，英国作战指挥部独自制定了当前的军事战略。但在海军问题上，权力并未系统性地下放："由法军武装并使用的船舰的分配问题［……］将是戴高乐将军与英国海军之间达成协议的焦点，并且可能会再次修改。"戴高乐知道，自由法国海军是在武装冲突中唯一能够真正使用的机动性武力。在这座他开启征程的岛屿上，其海军部队是唯一可以到达法国领土的战力；在无法发起军事行动时，他有理由保留对战事发展的某种控制权。关于法国舰艇的使用问题，法

海上的抵抗：自由法国海军史

英双方确认"法国部队可以为其所有舰艇进行武装并配备船员"，但未被自由法国海军所武装的任何舰艇均可供英国皇家海军使用。

米塞利埃指出了一个问题，并认为十分不利于自由法国海军和自由法国。协议的内容未涉及商船运输规则，戴高乐将其置于民政部门的领导之下，这妨碍了海军对它的管辖。[23]对于被收缴或扣押的船只，其物资价值不会归于自由法国，而是会进入英国的账户。相关的物资和装备价值极大，有200艘船和60万吨货物，约占停战前商业船队的四分之一。[24]这似乎早已超过了要分拨给自由法国的物资额度，而且其运输能力也会在未来深深影响战事走向。[25]自由法国对于战利品的获取显然也可以提高戴高乐的政治独立性。在这次谈判之后，勒内·卡辛承认，商船的问题被搁置了，讨论在当时变得"困难"，这对承认抵抗运动的合法性存在真正的危险。8月3日，这位法学专家在给戴高乐将军的一份备忘录中强调："总协议谈判的拖延已经损害了该协议的政治性质。在与首相面谈后，必须尽快结束这种局面。"[26]对谈判的妥协导致了商船的牺牲，或者说至少让它们的归属悬而未决。该文件后续委托给雅克·宾根这位才华横溢的工程师和金融家负责。

这个问题造成了戴高乐与米塞利埃之间的首次分歧。前者指责后者进行了平行谈判，这使自由法国努力寻求的合法化处于危险之中。而后者责备他的领导人低估了某些海上问题，也没有向十分精通商船问题的他本人进行咨询。另一分歧则关于叙利亚。在米塞利埃看来，地中海港口的使用问题一直被忽视。8月7日协议达成后，他继续同英国海军进行谈判，特别是争取到了的黎波里输油管道的管辖权。总体来说，戴高乐做出了妥协，在海上问题上对英国皇家海军做出一些让步，以保持对海军行动的密切观察以及主动性。

目标不同，方法亦是不同。米塞利埃喜欢与英军和谐相处，这是他的处世哲学，对于他来解决某些具体问题也最为适用。在解决实际问题时，他总是能熟悉情况，精准掌握，即便面对经济和财务方面的问题也是如此。戴高乐则善于施加政治压力，更多情况下诉诸戏剧性的笔调。这个共事的夏天让人感受颇多，现在这两个主角知道他们的性格截然不同。米塞利埃与下属的关系更加灵活，关怀工作人员的生活，戴高乐则独自为自己确立的理想而努力。关于米塞利埃及其性格，路易·艾隆·德·维勒福斯，作为其好友在书中写道："他对双关语那不可救药的品位一定会让《剑锋》的作者大吃一惊。"[27]

8　战斗，不顾一切

8月7日的协议仅仅是权宜之计，旨在找到双方皆可接受的条件，并没有解决自由法国海军迫在眉睫的问题。参谋部倾向于只武装大型船舰，但严重缺乏相关专业的士兵。少数处于战斗状态的船舰仍然没有炊事兵和通信兵。而对于以上兵种的招募，自由法国海军要考虑会受到的激烈竞争。首要一点，如果英国皇家海军在"弩炮"行动的风暴之后愿意展开对话，那么它仍然会吸引到志愿水兵的加入。自由法国海军提供的待遇很丰厚，但导致招兵困难的一个具体问题是无法逾越的：如果水兵加入自由法国，那么他们的薪金可能会无法发放到在新成立的维希政权辖区中自己家人的手上。使用新身份加入英国海军，他们既有希望解决在法国的麻烦事，也可以使政府确保其家人的生活来源。米塞利埃迅速做出回应，向首批加入的士兵提供足额的薪金，但对某些后勤部门进行处罚，尤其是被服部门。另一方面，尽管存在着作战协议，英国皇家海军还是毫不犹豫地自己出资武装法国的商船。"莱茵"号货轮因此在这个夏天之后变成了英国皇家海军的"忠诚"号，由贝里中尉指挥。贝里曾陪同米塞利埃一起前往伦敦，但他拒绝加入自由法国。晋升之后，他更名为指挥官杰克·朗格莱并担任英国的私掠船船长。驻扎在营地的8000名水兵之中，有700人加入了英国海军。[28]

米塞利埃发现，法国领事馆以及由海军上将奥登达尔所领导的法国驻英国海军使团对他很不友好。来自达尔朗的指示很明确：必须提醒待命的海军士兵他们在保护法国舰队方面的新角色以及他们被要求复员的可能性。必须要对他们提供帮助，最重要的是要坚定其返回法国的信心。"弩炮"行动一直萦绕在人们的脑海中，甚至不需要特意回想那些戏剧性的场面，对许多人来说，这足以使戴高乐和米塞利埃的倡议失去信用。停战之后，已经具备了班轮往返英法的条件，从敦刻尔克幸存下来的陆军士兵成为第一批乘客返回法国。

这种归国的急切实际上与德军的一项武断决定有关，该决定很快造成了可怕的悲剧。为了加快作战速度并尽快打击驻扎着潜在有生力量的英国营地，德国占领军规定法军撤离部队的期限最多为一个月；在此期限之后，悬挂法国国旗的船只将被视为敌人。因此在匆忙中，一艘船舰被武装起来以执行额外的遣返任务。7月24日，即截止日期结束后的48小时，1179名水兵和103名船员登上了跨大西洋航运公司的"梅克内斯"号。这艘船在傍晚离开南安普敦前往土伦。入夜时分，在英吉利海峡中部的科唐坦半岛与波特兰半岛之间一艘德国海军快艇发现了这艘船，德军打开所有照明灯毫不犹豫地向复员的士兵开火。机枪扫射，子弹如雨点般落下。尽管法方指挥官发出信息，表明他是在执行遣返任务，但鱼雷还是从中间撕裂了船体。"梅克内斯"号几分钟后就完全沉没。[29] 4艘英国的驱逐舰被派往现场，设法救回了一些人员，但这场海难依然造成420人死亡，并在米尔斯克比尔事件发生三周后再次引起恐慌。

即使在自由法国内部，自由法国海军也在为生存而战：自由法国政府并没有对海军士兵申请转为陆军的请求持反对态度，如果继续战斗，陆军的发展必须迅速运作起来。尽管遇到了一些困难，米塞利埃最终还是设法使他主张的政策流传开来。提供真实的岗位并保证可观的薪水，利用英军在"弩炮"行动期间的错误做文章，对水兵严加管理——在开始时尤为严格甚至对其通信加以限制。[30] 最重要的是，强调海军继续战斗是其不可推卸的责任，号令法国停战的军事领导人是可耻的，以上同戴高乐在6月的"政府间会谈"时所陈述的观点一致。不论分发传单还是军官宣讲，都会遇到认真听讲和思考的受众。大多数情况下，是船员们"组团"做出决定并加入抵抗运动。7月31日，自由法国成立一个月后，成员达到1084人。

经历过"弩炮"行动的营地是自由法国海军招募的主要目标，并且大部分的新加入者也都来自这里，其他地方也有陆续有人加入。除桑岛的居民外，也有其他平民和船只前来归附，一些正在执行任务的法国水兵拒绝放下武器并支持戴高乐的抵抗运动，而且谴责拒绝参加的成员。自7月5日的"绅士协议"签订以来，驻扎在亚历山大港的X舰队就被谴责无所作为。尽管因地理因素，去往伦敦的路途十分遥远且危险重重，做出加入自由法国的决定十分困难，但还是有一些水兵志愿加入自由法国海军。但对于大部分船员来说，加入自由法国海军的水兵被认为是懦夫或叛徒；于是在事件和前景十分不明朗时，保持独立判断非常困难。作为海军上将戈德弗罗伊的副官，奥诺雷·德蒂安纳·多尔韦上尉只犹豫了几天便做出决定。虽然憎恨这种抛弃战友的感觉，但更不堪忍受的是因想要继续战斗下去而带来的折磨，他在给上司写了一封解释信后便于7月9日离开：

> 我对我的突然离开深表歉意。我也为此深深地感到悲痛。我全身心地热爱海军、热爱这艘舰艇和所有船员。……我是在对祖国的崇拜中成长起来的——我的同僚们也是如此，我确信这一点——但1870年和1914年对我的先辈和我自己来说都是如此重要，以至于我无法想象如今法国的屈服。……我的祖先战斗到最后，我除了效仿他们，别无他选……

德蒂安纳·多尔韦请求他的指挥官不要过快地上报他的叛离。从7月9日起，他便在开罗与几名军官和水兵所组成的小团体汇合。[31]他改名为夏多韦约，以掩盖踪迹并减少此事对家人的伤害，但也这让同样叛逃的年轻中尉皮埃尔·米肖一时兴起从中搞怪。当"夏多韦约"自我介绍时，后者也使用化名并说出了他的新名字："德蒂安纳·多尔韦"[32]。

这个自称为"第一海军"的小团体与其他"叛军"合并，到月底时增至大约50人。他们都得知了在英国所发起的自由运动，曾参与处理"弩炮"行动危机的奥博伊诺也加入了该运动。德蒂安纳·多尔韦十分渴望重返战场，他甚至考虑首先借助英军的力量在非洲之角采取行动。他的同伴尽全力说服他，要直面前往英国的漫长旅程，继而找机会登上自由法国海军的舰艇。在绕行南非和圣赫勒拿岛后，这队人员直到9月底才抵达苏格兰的格林诺克。[33]

与此同时，在亚历山大港，为了阻止水兵的大量外逃，"萨弗伦"号巡洋舰的指挥官迪拉尔直接煽动他的部下殴打那些表现出离开意愿的人员。9月，他向全体船员发出正式命令，非常严肃地下令"痛打"任何宣传叛逃的船员，并全权承担此事可能导致的刑事责任。告诫的文字伴随着谴责："行动起来：你们抱怨无所作为，那我就给你们一个爱国的目标。"9月9日，试图说服船员恢复战斗的"叛徒"勒雪和罗思朗受到了惩罚，他对此表示满意。在接下来的日子里，他在向船员颁布新议程时也充满这讽刺意味："你们才是那些人口中所说的：坚持到最后的人！"

海上的抵抗：自由法国海军史

尽管如此，那些选择继续战斗的人还是设法离开了他们的营地、他们的舰艇或任何其他持观望态度的地方。到 8 月底，自由法国海军共集结了 1683 人：抵抗行动已经重新开始。

第三章　重现外海之时

1　"威吓"行动

归功于8月7日所签署的协议[1]和英国政府所做出的努力宣传[2]，合法化的自由法国可以着手进行军事活动。如果在法国本土的任何大规模行动都不合时宜，那么大英帝国则提供了绝佳的政治机会。戴高乐将军自6月18日发出呼吁以来，一直坚持继续战斗并准备反攻。7月22日，新赫布里底群岛总督亨利·索托宣布正式加入自由法国，这个独特的群岛为法英共管。8月初，戴高乐开始派发任务。执行相关任务的包括作为指挥官化名为勒克莱尔的菲利普·德·豪特克洛克，以及埃德加·德·拉米纳上校和克劳德·德·博伊斯兰贝尔少校，这些人在几天前刚刚抵达伦敦。与勒内·普列文一道，他们要去联合整个法属赤道非洲，而乍得总督费利克斯·埃布埃也以正面的消息进行响应。

海上的抵抗：自由法国海军史

这一消息激励了戴高乐着手实施法属西非的行动计划。位于塞内加尔的达喀尔是自由法国海军最合适不过的基地。那里有像"黎塞留"号一样最先进的军舰，尽管它先前遭到了英军的破坏。另外自纳粹入侵以来，法国政府一直代理比利时和波兰的黄金库存，并将其转移到位于塞内加尔的蒂埃斯和卡伊军营。故而必须迅速采取行动，以免维希政府将这些黄金储备运回，继而成为纳粹的囊中之物。最重要的是，如果维希政府允许纳粹德国海军在达喀尔驻扎，那么计划中对南大西洋的掌控将会成为泡影。[3]

此外，于国际背景下，戴高乐找到了最合适于此次计划的盟友，即温斯顿·丘吉尔。对于英国来说，达喀尔将为直布罗陀和开普敦之间的船队航行提供便利。所以针对达喀尔的第一批作战计划是与爱德华·斯皮尔斯和德斯蒙德·莫顿合作制定的，以上两人都是英国首相的心腹。

在自由法国开展行动之时，米塞利埃和他的手下十分清楚此项计划能为海军带来的益处。他们借此机会武装了三艘护卫舰："萨沃尼昂·德·布拉柴"号、"都波克指挥官"号和"多米尼指挥官"号。这三艘军舰参与到此次的行动之中，也是自由法国海军的旗帜首次在新军舰上飘扬。米塞利埃也同样提议将海军陆战队第一营纳入远征军部队之中。自从他上任起就认为，无论是为了保护舰艇还是为了参加诸如此类的军事行动，如若自由法国海军之中没有陆战部队，会让人无法想象。自7月1日起，他就积极敦促创建该部队，"可以在战斗中看到迅速展现最猛烈战力的可能性"[4]。这支200人的队伍由海军上尉罗伯特·德特罗亚指挥，他们在伦敦和朴次茅斯之间的奥尔德肖特与英国军队一起进行训练。由于期待着让自由法国海军大显身手，米塞利埃定期与戴高乐就"威吓"行动进行交流，此次行动的目的也正如其名。在对科纳克里登陆做出了首番推演之后，丘吉尔也加入了准备工作，在唐宁街的这场会议上提出了一个他想象中的"情景"。据周围人所说，他这几日正身处抑郁，[1]并为其所苦，但他还是充满热情并高调畅想着如何温柔地收复此地。戴高乐将军对丘吉尔发言的复述如下：

> 在某个清晨，达喀尔苏醒了，悲伤而未知。但在冉冉升起的太阳之下，人们看到远处的大海被船舰覆盖。一支庞大的舰队！有成百艘军舰！他们慢慢靠近，通过无线电……发送着友好的信息。……在盟军的舰队中驶出一艘没有攻击性的小型船只，上面悬挂着代表谈判的白旗……[2]

在丘吉尔看来，达喀尔的总督布瓦松出于原则的考虑可能会发射几发炮弹，但在本次强大的军力部署面前，当天晚上可能就会与盟军共进晚餐，"觥筹交错间就能取得最终胜利"[3]。戴高乐有选择吗？如果要在维希政权中夺取达喀尔，不妨团结所有可能的支持，带上浪漫主义者丘吉尔所提议的这支伟大舰队。据情报所知，英国方面[4]根据达喀尔总督这位纯粹而强硬的维希支持者的可能反应准备了三种预案：[5]如果计划进展顺利，达喀尔平静地接受盟军，则不会计划进行火力干预；如果事情变得有些棘手，将由自由法国负责处理该事件；如果最终达喀尔强烈反抗，英国皇家海军也将介入并武力进攻直至其归附。

海上的抵抗：自由法国海军史

自由法国仍持乐观态度。但在出发前几天，突然产生了严重的分歧：制定"威吓"行动计划的米塞利埃认为他能够领导远征军部队并接管这块法属领土。戴高乐断然拒绝他的出征请求，因为他担心米塞利埃的个性和名声会在维希派的军官中起反作用，同时也不愿让这位海军将领被视为法国的救世主。[6]但为了向米塞利埃展示他的信任，戴高乐告知米塞利埃会成为他的继任者。然而米塞利埃分析了该行动的领导架构图，就明白了大部分权力都被转给了帕西，此人渴望实施一次触底反弹的行动。戴高乐派遣德阿根利厄以及安德雷·卢少校来协调法国舰队的行动。

出发前三天，塞拉利昂的弗里敦（英国属地）的两名前联络官曾表示，达喀尔将抵制此次行动。[7]在整个非洲，维希政权已经清洗了所有具有戴高乐主义倾向的各地总督和高级官员，并确保得到了当地政府的坚定支持。不过在8月26日，有一条好消息打消了人们的担忧，费利克斯·埃布埃正式宣布加入抵抗运动，勒克莱尔在喀麦隆的杜阿拉也巧妙地夺取了政权，拉米纳在刚果的布拉柴维尔也如法炮制。虽然加蓬方面仍摇摆不定，但法属赤道非洲的接管迄今为止战果连连。

8月26日至8月31日，M舰队启航。除三艘护卫舰外，自由法国海军还将一些战力纳入舰队。包括两艘武装的拖网渔船"勇士"号和"侯杜斯总统"号以及四艘商船货轮："阿纳德尔"号、"卡萨芒斯"号、"拉米堡"号和"内华达"号。这些船负责运输坦克、舰载机[8]以及补给品。[9]最后，包括海军陆战队第一营在内的自由法国远征军部队搭乘两艘荷兰运输船出航。英国舰队直到9月13日才完成集结并出发，在大西洋航道的途中，直布罗陀的 H 舰队与其会合。这支舰队包括两艘战列舰"巴勒姆"号和"决议"号、一艘航空母舰"皇家方舟"号、九艘驱逐舰和一艘油轮。英国皇家海军陆战队的两个营登上了三艘运兵船,用以因应陆上作战。

法英舰队发现到意外状况,维希海军的三艘巡洋舰赶在他们之前从土伦出发并向达喀尔前进。"乔治·莱格"号、"荣耀"号和"蒙卡尔姆"号与三艘驱逐舰"勇敢"号、"空想"号和"机灵"号相伴航行,组成了强大的军事力量。这一军事情报意味着,维希政权对此次的远征行动已经有所了解。[10]9 月 16 日,战时内阁宣布放弃"威吓"行动,但两天后撤回命令,并授权远征军海军司令可以自由地做出决定。英国海军上将坎宁安在征得戴高乐的同意下,决定继续向达喀尔前进。戴高乐将军在几天前已经成功收归了法属赤道非洲乌班基-夏利、塔希提岛、新喀里多尼亚和印度贸易站。种种迹象都令人充满希望。

9 月 23 日上午,M 舰队终于出现在了达喀尔的附近海域。浓雾使丘吉尔梦寐以求的景象落空。早上 6 时左右,戴高乐通过无线电向当地居民宣讲,海军航空部队也从"皇家方舟"号上起飞并向城内投放传单,但很快遭到"黎塞留"号防空系统的攻击。戴高乐派遣"无攻击性的小船"前往港口,由德阿根利厄率领的代表团试图登陆,但以失败告终:负责港口指挥的海军上将兰德里奥下令阻止他们。他们在港口前逗留了片刻后便返回船上,但后方的机枪连续扫射追击,德阿根利厄和贝兰少校身受重伤,他们返回了戴高乐所在的"韦斯特兰"号上。与此同时,自由法国的两架"萤火虫"式舰载机降落在瓦卡姆机场,尽管降落时发出了任务已完成的信号，机组人员还是被俘。此次行动变得极为棘手。突然，沿海炮台朝着距它最近的船舰方向开炮。在迷雾中，自由法国海军的水兵们认出了他们几个月前见过的射击时所产生的颜色："弥漫着粉色和黄色，弹片飞散的图案看起来像婚礼蛋糕上的糖果……"[11] 几艘英国皇家海军的舰艇被击中，包括"坎伯兰"号、"恩格尔菲尔德"号和"远见"号，天气也变得非常恶劣。当"巴勒姆"号发现维希政府的潜艇"珀尔修斯"号时，毫不犹豫将其击沉，此外还截击了维希政府的驱逐舰"勇敢"号。到上午晚些时候，已经有80人死亡。

劝降彻底失败后，戴高乐和坎宁安上将指挥舰队前往海湾东部的小港口鲁菲斯克，并试图派遣海军陆战队登陆。但此次尝试又以失败告终："都波克指挥官"号在下午5时左右派了一艘小艇试图在港口停靠，但他要面对的是塞内加尔军的整支部队以及两门95毫米口径的大炮。几分钟内便下达了撤回船上的指令，但是在"都波克指挥官"号上已响起了死亡的哀叹。收到戴高乐的指令后，法英舰队暂时撤退以重整旗鼓，最重要的是要重新审视所剩余的机会。天气炎热，这让船员和士兵感到窒息和筋疲力尽，他们挨挨挤挤地睡在甲板上。白天的失败影响了部队的士气。戴高乐认为他必须迅速止损，他对维希政府和总督布瓦松的态度十分吃惊和愤怒，后者曾在达喀尔镇压了戴高乐主义者的示威游行。戴高乐建议让部队在更北的圣路易登陆，继而向达喀尔进军。然而，坎宁安坚持第二天重新开展行动并得到了丘吉尔的支持。英国并没有忘记他们的目标，消灭法国舰队。

因此，在坎宁安与布瓦松总督之间互不相让的无线电交流之后，不顾戴高乐将军的意见，战火在 9 月 24 日重新点燃。布瓦松宣布："我将捍卫达喀尔，直到最后。"[12] 当日上午，数百发炮弹呼啸着向对面飞去，但并没有对维希军队的大型巡洋舰造成严重损坏。沿岸的炮台仍在射击，维希法军的防空力量使"皇家方舟"号上舰载机的努力化为泡影。维希方面，一艘新服役的潜艇"阿贾克斯"号被击沉，船员被俘。在没有请示戴高乐的情况下，远征军部队又在 9 月 25 日继续进攻。服役多年的战列舰"决议"号被"贝泽维尔"号潜艇的鱼雷击中，濒临沉没，"巴勒姆号"战列舰被"黎塞留"号击中：这使得英军决定停止猛烈进攻。无论如何，他们已经无法在军事上攻克障碍，三天的战斗给他们造成了巨大的物质损失，尤其是被击落了 19 架战机。

这次失败的行动归根结底是法国人同法国人之间的冲突，这使戴高乐陷入痛苦，他有种"屋漏偏逢连夜雨的悲凉之感"[13]。根据对过去几天战事的总结，他指出围绕该行动的保密工作没有得到应有的重视，多次泄密可能会引起维希政权的警觉从而增援了达喀尔的舰队。[14] 不过他也安慰自己，如果没有法英此次军事行动的示威，法属赤道非洲的归附将持续受到土伦派来的"不合时宜的舰队"[15] 的强烈威胁。但是伦敦的新闻界并不关心这些细枝末节，一场大规模的运动将声讨戴高乐和"大元帅"丘吉尔。[16]

英国皇家海军最终陪同自由法国海军的舰队一直到喀麦隆杜阿拉附近的武里河口。这一次，在"都波克指挥官"号上的戴高乐将军终于发现了一个充满"爱国热情"的城市，并感受到了人民群众对他事业的支持。此外，在个人层面上，伦敦传来的冷嘲热讽和那些兴高采烈的面孔一起向他证实，他的命运无疑已经发生了一些变化：他已经成为一个公众人物。他有一种预感，这对他来说将是"无情的，强大的内部监督，同时也是一个非常沉重的枷锁"[17]。

2　自相残杀的争斗

在各位领导人计划重新北上回归行政事务之时，同维希海军的战事还会在秋天继续下去，法属赤道非洲只有加蓬仍在反抗，因而必须争取收复加蓬。11月7日，忠于维希政府的潜艇"庞赛莱特"号与正在执行海上封锁监视任务的英国皇家海军"米尔福德"号相遇。德索辛上尉在几个月前刚与德军进行过英勇的战斗，此次指挥着这艘舰艇，它很快就被英国侦察机发现，侦察机在海平面以上几米处投下了炸弹。以上的攻击，加上"米尔福德"号发射的深水炸弹，以及全力战斗后底舱发生的火灾，使这艘法国潜艇很快陷入困境。德索辛指挥官让船员们疏散，将自己锁在里面，然后凿沉了潜艇。这次自沉事件引发了他的好友德蒂安纳·多尔韦的反思，在选择与英国结盟的法国人和选择仍然效忠于贝当元帅的法国人之间，有着十分复杂的关系："他继承了潜艇指挥官的优良传统而英勇牺牲。……为法国祈祷，愿为祖国牺牲的人安息。"

与此同时，参与攻占兰巴雷内的海军陆战队在热带丛林中与维希法军作战。牺牲的第一名士兵，是木匠水手加斯顿·萨伦作为最后一次的反击行动,它标志着自由法国海军的士兵中的一部分将准备返回英格兰,还有一些将开始在非洲海岸执行监视和护航任务。11月9日,部队南下至利伯维尔,"萨沃尼昂·德·布拉柴"号的船员必须与来自维希一方的敌对同胞展开战斗。"布拉柴"号的姊妹舰"布干维尔"号在河口之处现身。与此同时,尽管双方参与的兵力有所减少,但自由法国的战斗机开始攻击,继而激发维希政府军一方参与战斗。德阿根利厄的伤势虽然并未痊愈,但他指挥的"布拉柴"号技高一筹,并迅速击沉了他的姊妹舰,赢得了一场惨烈的胜利。沉船的大部分幸存船员以这样诡异的方式,随即加入了自由法国海军。第二天,陆军部队便将加蓬并入自由法国。"布拉柴"号随后前往印度洋,这让支持维希政府的吉布提基地十分不安。至于海军陆战队第一营,在加蓬作战之后,受命在法属赤道非洲的海岸进行巡防工作。他们将与陆军部队一起组成自由法国第一师的前身。

3 不列颠之战

"威吓"行动动员了大量英国皇家海军和英国皇家海军陆战队的士兵,丘吉尔拒绝了希特勒于7月19日向他提出的和平倡议,他甚至不想知道德国所提出的条件是什么,因为他从不相信纳粹的承诺。德国则更加坚定地推进了征服英国的计划。在被轻蔑地拒绝之后,德国空军开始执行消灭英国皇家空军的任务,以打开通往不列颠岛的航线。德国空军和海军从7月底开始骚扰英

海上的抵抗：自由法国海军史

吉利海峡的英国船队，目的是吸引英国皇家空军的喷火式战斗机和飓风战斗机前往。在如此紧急情况之下，英国皇家海军必须派遣快艇护航，并配备防空力量。对于自由法国海军来说，这也是一个重返战场的机会。

米塞利埃首先想到，尽管快艇装甲脆弱，还是需要重新武装一批法国快艇。[18]但当他与勒内·柯尔布-贝尔纳上尉见面谈过之后，后者说服他专注于法军猎潜艇的武装。这些40米长的侦察船可搭载约30名船员，并具有反击能力，前部装有机枪和一门75毫米口径的主炮。英国海军大约有15艘此类舰艇，其中的四艘分配给了自由法国海军。[19]由于人手不足，开始时只能重新武装其中的三艘，其他的舰艇有时也会被英国皇家海军征用，但在接下来的几个月里都会定期升起洛林十字旗。9月9日，一切准备就绪，第41号猎潜艇"奥迪埃尔"号、第42号"拉摩尔"号和第43号"拉旺杜"号将基地设在朴次茅斯港，与老牌战舰"库尔贝"号并排停泊。它们被分配到了负责护航的部门，在必要时也参与防御行动。[20]

柯尔布坚定而有力地控制着他的猎潜艇队。当风暴肆虐，英国皇家海军的船舰需要停靠时，他将能为其提供服务作为一种荣誉。但猎潜艇并不是为暴风雨下的航行而创造的，水会大量涌入，破坏任何能破坏的东西。连负责维修的工程师和机械师都说道，这些法国人将同他们的爱国之心渐行渐远。某日，英国皇家海军上尉博斯特忧心忡忡地说道："用外交方式告诉他们，如果这些船执意继续留在海上，便停止对其进行维修。"[21]

从一开始，法英巡逻艇舰队就遭遇到了德军。9月15日，

· 56 ·

发生了悲剧性且令人愤怒的一幕,为整个舰队的命运定下了基调。因为在怀特岛南部听到了枪声,第 5 号猎潜艇在深夜离开前往巡逻。但最终没有收获第 6 号和第 7 号猎潜艇的好消息,只有一名落水男子奇迹般地被打捞救起。他所讲述的故事令人痛心。这两艘船在夜间相伴航行,午夜时分,在右舷方向收到一个摩斯电码信号,请求它们靠近。第 6 号猎潜艇上的加尔布雷思上尉很怀疑,因为他没有发射过任何无线电信号,但考虑到海上时而会有意外发生,还是决定去寻找发信号的人。第 7 号猎潜艇随其一同前往。还没来得及认出两艘德军的伪装舰艇,炮弹就随即撕裂了两艘猎潜艇的船体。德国水兵随后上前,将遭受到他们野蛮袭击的少数幸存者捞出。第 7 号猎潜艇的指挥官,22 岁的加贝特-穆哈伦上尉在水中取出一枚手榴弹,将手榴弹扔到敌舰的甲板上,痛苦地呼喊着:天佑英王。德军进行反击,向落水者方向的海面扫射。最终仅存一名幸存者向大家讲述了该事件的始末。

经常性的交战标志着猎潜艇队已经开始展开行动。但它们受到的威胁是多方面的:除了飞机袭击之外,猎潜艇还必须避开并仔细定位德国海军布设的磁力水雷和声波水雷。它们还要经常抵御德军快艇舰队的攻击,德式快艇能够以 48 节的速度航行。德军的 U 型潜艇借道英吉利海峡进入大西洋时,猎潜艇也可以使用深水弹对其攻击。法国加莱海岸附近的海域同样危机重重,沿海炮台的射程能够抵达货轮航行的位置。

除了军事上的风险外,航行也十分困难。英吉利海峡的海上事故很常见,特别是自战争爆发以来,海岸的灯塔一直都处于关闭状态。此外,加莱海峡的水流十分复杂,行至此处,舰船必须排队前进，护卫舰需要在周围盘旋，还需要救援船来保驾护航。猎潜艇队在不列颠之战中赢得了英国海军部的尊重，后者知道在其他行动中他们也将是可靠的战友。但是英吉利海峡的危险依旧不断：11月7日，刚刚重新武装起来的巡逻艇"普尔米克"号撞上了普利茅斯附近的一个水雷。这是自由法国海军舰艇的第一次海上事故，导致了船上18名船员中的11人失踪。

4 防空战中的老"库尔贝"号战列舰

除了猎潜艇之外，自由法国海军在"库尔贝"号上也首次实现了防空方面的成功。该战列舰于1913年开始服役，与其他年轻的舰艇相比，它已不再具有竞争优势。近年来，它主要作为海军学习基地供炮兵进行训练，但是当舰队于6月在瑟堡撤退时，它的火力优势得到了充分的发挥。后来该军舰躲避在朴次茅斯港，英国皇家海军随后将这艘军舰交给了自由法国海军。即使这艘战列舰目前的状况不尽人意，但它的声望和战斗经历让船员们倍感自豪。自7月12日起，该舰开始重新武装，但只作为营地和仓库停留在港口，不过它同时也象征着除伦敦以外的自由法国海军的首个"地标"。[22]

当英国开始遭到轰炸，特别是德军对英国的工业重镇朴次茅斯进行轰炸时，米塞利埃立即下令启用"库尔贝"号的强大火炮进行反制。在与英国的沿海防空系统进行技术协调后，"库尔贝"号的火炮夜以继日地反击德军以保卫军火库。船组人员并不固定，所有没有出海执行作战任务的人员都参与其中。经验最丰富的水兵们被安排在重要的岗位，包括操作12门305毫米口径的火炮、22门140毫米口径的火炮和各种轻型武器。除此以外，船上还有一些年轻的水兵，他们本在"库尔贝"号上进行培训，在舰艇的各个岗位上参加训练，但是这次军事行动也并不妨碍他们的课程进度。米塞利埃对此十分满意，学员们"在实习和实战之间，操作火炮并与敌方轰炸机展开了激烈的战斗"[23]。

在9月的某个夜晚，一架德国战斗机被击落，并坠入距离"库尔贝"号不远的泥沙中。第二天去检查残骸时，发现了飞行员的遗体和他的铁十字架。雅克·勒加尔，这名布列塔尼人曾于6月底乘坐"天顶"号抵达英国，[24]他注意到在德军的导航地图上，"库尔贝"号被指定为优先袭击的目标，这足以证明其武力效用。直到1941年5月，不列颠之战停止时，这艘服役多年的舰艇共获得五次主要的作战胜利，无疑它的助攻次数更多。从夏末开始，"库尔贝"号共击落了六架敌机。[25]

89

5 "红宝石"号潜艇的搭载任务

整个夏天，"红宝石"号潜艇都在检修之中，需要对其内部的机械和武器进行大修和检查。在挪威峡湾多次执行任务后，船员们也需要休整。英国医生在对船员检查之后，发现一些人严重缺乏维生素，并为所有人制定了紫外线疗程。如果船员们继续在潜艇上履职并协助维护工作，他们的休假将会得到延长，以便可以在邓迪基地和苏格兰乡下休息。"红宝石"号的船员们受到了英国皇家海军的优待，甚至嘱咐基地的面包师为他们烤制法式面包。船上的小狗巴克斯都备受宠爱。起初"红宝石"号抵达时，需要对它进行隔离检疫，得知这一消息后，船员们甚至要开始罢工，而最终他们获得了将他们的吉祥物永久留在船上的权利。[26]

重回战场的集结号再一次吹响。自9月5日起，"红宝石"号开始执行第五次任务，舰艇搭载官兵警戒多格尔沙洲上的交通情况。这条大沙洲在英国和丹麦之间绵延250多公里，[27]地理位置十分重要，这里的有些水域，水深不超过15米，而此处的海面上也曾发生过几次海战。[28]在遇到敌人时，这种地理环境对"红宝石"号非常不利。这次执行任务的过程中，很幸运没有发生事故或交战，潜艇于9月20日安全返回邓迪基地。

因为"红宝石"号足够可靠，于是它被指派执行更危险的任务。10月25日，潜艇舰队和邓迪基地的总指挥海军上将马克斯·霍顿召见其指挥官卡巴尼耶。海军上将邓巴-纳斯密斯当时也在场。为什么对"红宝石"号指挥官的接见规格如此之高？答案稍后便被揭晓。他们向卡巴尼耶介绍了"X先生"，潜艇须将这位先生送往被纳粹占领的挪威。[29]10月31日，"红宝石"号将这名乘客和他笨重的设备带上船，他们小心地将设备放在机舱内以免颠簸；最轻微的噪音都可能是致命的，因为可能会引起敌方老练的U型潜艇的警觉。船员们对这次任务非常好奇，但没有询问更多信息。经过几天的航行，[30]哈当厄尔峡湾就在眼前。夜幕降临时，"红宝石"号沿着山口又向内陆前进了几英里。卡巴

·第三章 重现外海之时·

尼耶用潜望镜观察着德军的巡逻布防。尽管有漂浮的水雷,潜艇还是留在水中,并向敌方慢慢接近。这位神秘乘客最终将自己的名字告诉了船员,他叫威卡纳·莱旺厄尔,之后他便带着装备登上了一艘小船。"红宝石"号停在大约半英里之外,耐心地等着小船用手电筒向他们传递信号。过去了几分钟,这对船上的人来说却像几个小时那样漫长。之后,三长两短的信号表示莱旺厄尔已经上岸。潜艇片刻后便再次发动,下潜并离开危险的峡湾,返回邓迪基地。"我们的乘客不爱说话",潜艇的二副卢斯洛如此评价道。"红宝石"号的船员只知道他们搭载了一名挪威的抵抗战士,除此之外对这次任务一无所知,但却完美地完成了任务。回到基地以后,潜艇开始进行大规模整修。在船坞里,所有重要部件都会被拆卸、测试甚至更换。在此期间,经过这几个月的全力工作后,船员们直到年底都会在苏格兰进行休整。

91

6 "密涅瓦"号接替 "独角鲸"号作战

9月,"独角鲸"号的部分船员选择返回法国,总参谋部为其补充了十几名新加入自由法国海军的水兵。从9月25日起,它已准备就绪,具备执行任务的能力,并继续与英国舰队一起驻扎在拉瓦莱特基地。"独角鲸"号将与同一系列的英国皇家海军"长须鲸"号一起进行第一次巡逻。本次任务一直持续到10月7

日，目标是找到并追捕任何与非洲海岸有联络的意大利船只，但最重要的是为了训练新兵。尽管德罗古上尉及其副手斯维斯特既要训练新人填补空缺职位又要领导这艘舰艇，让他们筋疲力尽，但训练结果令他们信心十足。

10月25日，"独角鲸"号独自前往凯尔肯纳群岛和突尼斯。抵达斯法克斯后，它发现了一艘灯火通明的货船，并对其发起追击。当它正准备发射鱼雷时，一艘敌方的驱逐舰也朝着它的方向猛冲过来。接踵而至的命令，考验着年轻新兵的反应能力。德罗古决定让"独角鲸"号继续下潜，当被告知只有到达35米的深度才可以保护自己免受任何深水炸弹攻击时，他毫不犹豫地说："好，我们下潜至最深处。"[31] 这一次，他们没有受到攻击。等了几个小时后，潜艇重新浮出水面时却遇到了意外事件。当"独角鲸"号潜水艇在舰桥观察到被追赶的货轮时，又在几秒钟内迅速下潜。但船长几乎没有时间回到船舱，他与布埃中尉一起被困在气闸中。他的手臂卡在了上层的门上，水压使他无法脱身。在潜艇下层，防止淹溺的机关被触发，新手船员在此时也对立即上升的命令迅速做出完美反应，潜艇最终重新浮出水面。水压强行推开了检修门，致使潜望镜井进水，并淹没了潜艇后部的电池。"独角鲸"号之后返回拉瓦莱特基地，船体受损，但船员一切正常，虽然他们和船长一样渴求获得首场胜利。

自由法国海军参谋部对于英国海军部另眼相待的"红宝石"号和"独角鲸"号的行动感到满意，这也有助于使法方所做出的努力更值得信赖。更重要的是，在不断升级的大西洋海战中，装备精良的潜艇可以作为能够威慑德国战舰的盾牌，例如"沙恩

第三章 重现外海之时

霍斯特"号和"格奈森瑙"号,这两艘德军的大型巡洋舰以布雷斯特为基地,为大西洋的航行保驾,另外德军还有刚刚完成武装的强大的"俾斯麦"号战列舰。因此,米塞利埃决定帮助在加入自由法国之前曾出任"朱诺"号二副的桑纳维尔上尉武装一艘新潜艇。桑纳维尔将于7月开始接受任务。法军舰队的王牌"速科夫"号潜艇目前仍需大量船员,[32]而桑纳维尔也需要向停靠在马耳他的"独角鲸"号增派水兵。最终选中停靠在普利茅斯港的"密涅瓦"号继续执行任务,尽管它目前缺少设备,发动机数量不足,但总机械师路易斯·克让奇迹般地克服了困难。此时水兵们也抵达基地并开始训练,就像在德军突袭期间,在朴次茅斯的"库尔贝"号参加防空防御行动一样。刚从"库尔贝"号那个临时的海军学习基地毕业的新军官们完善了这支队伍。[33]虽然他们都只有不到20岁的年纪,但都渴望着在战斗中证明自己的价值。

12月底,"密涅瓦"号终于准备就绪,这给自由法国海军参谋部带来了极大的鼓舞。但是之后沉重的打击突然降临,为圣诞假期蒙上了一层阴影。几天前出发执行任务的"独角鲸"号没有按时返回。在预计抵达日期的五日之后,福特海军上将通知自由法国,"独角鲸"号潜艇可能已经沉没,但没有无线电信号或其他信息标明其沉没的原因。[34]在失去"普尔米克"号之后,整个自由法国再一次为它的王牌舰艇进行哀悼。"独角鲸"号被写入了自由法国海军的指令之中:

这是第一次在行动中沉没的自由法国战舰,象征着海军的牺牲和反抗精神。由德罗古上尉指挥，在得知可耻的法德停战的消息时拒绝接受失败，并在戴高乐将军的命令下集结马耳他的力量继续与盟军并肩作战。在意大利水域执行了几次危险的任务后，在1940年12月的一次战争行动中，它和它的所有军官以及水兵皆牺牲于敌人的打击之中。

至于维希海军的司令部，在接到此次事故的通知之后没有做出任何答复，甚至对于将水兵的私人物品寄给家人的请求也概不接受。驻马耳他领事格扎维埃·高蒂耶随后发出了一封新电报：

> 我知道，我们曾经将这些抛开一切选择继续斗争的人形容为冒险者、冒名顶替者、罪犯、叛徒、出卖者。那么这些选择继续游击作战的人都是不光彩的吗？毫无疑问，所有这些为法国而牺牲的人，总有一天法国会向他们致敬。[35]

7 自由法国总参二局

奥诺雷·德蒂安纳·多尔韦在1940年9月底抵达伦敦后，便向米塞利埃介绍了自己。米塞利埃了解到面前的这个人在夏天时就决意加入自由法国，并且他的热情还带动了数十人，于是便亲切地接见了他，并立即将他从上尉晋升为少校军衔。德蒂安纳表达了他想尽快回到海上指挥作战的愿望，米塞利埃则委任他指挥"西北风"号鱼雷艇。然而几天以后，事情发生了变化。自由法国海军缺乏像德蒂安纳这样科班出身并拥有军校学位的军官，参谋部对于后续行动的谋划也缺乏相应的人才。他在亚历山大港服役时专门负责 X 部队的协调工作，于是他被授命担任自由法国海军参谋三局的负责人，其工作也与此前类似。在这又一次的短暂任命中，他本人帮助解决了自由法国部队情报部门的内部危机。

自由法国海军参谋二局自 8 月起成立，但经常与中央情报局发生分歧，后者由安德烈·德瓦夫林领导，此人是一名工程技术军官，化名为帕西。事实上，此前为了监管自由法国的情报部门，米塞利埃想增设一个特勤参谋长的职位，并指派由化名为莫雷的雷蒙·穆莱克海军中校担任。但戴高乐得知此人有共产主义倾向，继而拒绝。自此以后，两个部门之间拒绝互相帮助也拒绝彼此沟通，这一切很快就引发了一些不良后果。当德蒂安纳抵达伦敦时，戴高乐将军正启程前往达喀尔，备受信任的帕西需要放下自己的原工作去接替总参谋长的职位。同时为了平息各行政部门之间的矛盾，提议由德蒂安纳担任总参二局的负责人，将自由法国海军和陆军的指挥权合并在一起。此外，由于这位新到任的负责人和帕西是巴黎综合理工毕业的校友，两人很快就惺惺相惜，新的任命变成了一种缓和关系的手段。德蒂安纳在官方文件中化名夏多韦约，之后搬到了"69 号大楼"[36]进行办公，即自由法国总参二局的所在地，统领"海军"和"作战"部门，但是帕西依然是官方对外声称的负责人。

海上的抵抗：自由法国海军史

夏多韦约首先中断了其部门与英国情报局的关系。在戴高乐将军授意之下，帕西曾担忧并提防英方的过多干预，海军方面则认为军情六处会提供宝贵的帮助，并且信息的交流会给某些行动带来便利。他在英军中找到了一位值得信赖的同级别联系人，即化名科瑞恩的肯尼斯·科恩，他也是一名工程师和海军军官。[37]

1940年秋天，总参二局首先聚焦一个十分关键的问题，即是招兵买马。即便几乎所有士兵都选择返回法国，但还是有许多人仍然在英国营地等待回程的消息。想要赢得他们的加入，重要的是要了解他们的心态，确定最有影响力的因素，并试图改变他们的决定。这需要组织宣传攻势并找到有利的论据，以使这些松散的军队选择继续作战，而不是返回被占领的法国。在营地里，法国士兵陷入困境。管束条件松散了许多，他们被允许外出工作以改善日常生活，他们开始回归到安逸的和平生活中。五月战役和敦刻尔克大撤退之后，创伤也逐渐得到平复。让他们摆脱掉这种麻木感是很难的，德蒂安纳先是试图胸怀宽广地理解这种心理。一名间谍报告说，在海多克和安特里的营地中，军官们的言行带来了不良影响。他们在战斗中失败了，但是那段战事依然给他们崩溃的内心带来创伤。他们愤愤不平地评论道："在敦刻尔克和北海，这些军官中的大多数都立下了丰功伟绩。他们没有失败……这真是太愚蠢了。"[38]在坚持爱国义务和不影响自由法国发展的前提下，德蒂安纳及其团队适当进行舆论引导。他本人也为英国广播公司撰写文稿，在英国报纸上发表文章。

总参二局及其负责人，以及英方都没有忽视引导战事的一个重要目标,即获取欧洲大陆的情报以及建立与抵抗运动的新生情报网络之间的联系。通过"爱国派"的手段和奥林匹亚大厅的审讯,情报部门随时更新一些反抗德国占领军组织的信息。对于英方来说,实地获取军事信息至关重要。对于法方和戴高乐将军来说,与这些秘密组织的沟通是必要的,以期进行可能的合作。自7月以来,戴高乐军团一直在利用虚假身份的掩护向法国和德国派遣战士。作为第一批登陆法国本土的特工,雅克·芒雄和吉尔伯特·雷诺(以雷米上校的化名而闻名)开始了一项艰巨的工作。他们冒着巨大的风险首先建立了德国海军局势情报网,接下来以圣母院慈善会的名义成立了情报站。在布列塔尼,来自桑岛的几名渔民被分配到"渔业部门"工作,总参二局的海军部门负责这项行动,在海峡两岸掩护线人往返并传递情报。

戴高乐将军返回英国之后,帕西便立即辞去了临时总参谋长的职务,回归到总参二局的日常工作,并为德蒂安纳及其团队的一项重要行动提供了自由发挥的空间。此次行动的目的是建立一个代号为"宁录"的无线电通信网,该网络将拥有多个广播电台,以便定期与伦敦进行通信。扬·多尔尼克和毛里斯·巴里耶,这两名特工在"宁录"项目中协同"夏多韦约"工作并往返于两岸开展行动。他们的另一个目标是监视"沙恩霍斯特"号和"格奈森瑙"号巡洋舰。

德蒂安纳正在为他本人亲自参与的新任务做准备,以扩展"宁录"项目并与新网络建立联系。该部门新招募了一名无线电操作员阿尔弗雷德·盖斯勒,他曾是一名无线电军需官,乘坐"密涅瓦"号抵达英格兰并暂时在"凯旋"号上落脚。尽管名声

海上的抵抗：自由法国海军史

可疑，但由于他具有阿尔萨斯血统且精通德语，终被聘用。另一位候选人让-雅克·勒潘斯，作为"朱诺"号上的准尉，却因经验不足而落选。至于总参二局的负责人德蒂安纳，自由法国的上层一开始对他离职参与行动持反对态度：德蒂安纳这种角色不能离开，一些人意识到了危险，有报告指出这样会造成信息的泄露并引起纳粹的关注。法国遭到入侵后，德军的反间谍机关"阿勃维尔"就搬到了卢特西亚酒店。在伦敦，总参谋部对奥诺雷·德蒂安纳·多尔韦进行了更深入地了解：他的工作热情和活力让人刮目相看，米塞利埃因为钦佩他的爱国热情而将他称为"使徒"[39]，但拒绝了他的离职："这就相当于提前宣告死刑。"[40] 帕西还认为，德蒂安纳所表现的绝对真诚可以帮助他完成一项涉及长期双重身份的任务。面对这些拒绝，德蒂安纳并没有气馁，他要求亲自面见戴高乐将军，并解释他的做法。当戴高乐问他的真正打算时，德蒂安纳表现出了全部的决心："去法国执行任务，我的将军。在布列塔尼组织一个情报网络并安装一个秘密发射台十分必要。我请求您，我恳求您，将军，请允许我组织这个网络。"面对这样的热情，将军点头："你是个好指挥官，通知米塞利埃将军，你得到了我的同意。"[41]

12月21日，化名为马蒂的无线电操作员和"夏多韦约"中校登上了一艘名叫"玛丽-路易斯"号的捕龙虾船，船长是一位名叫让-弗朗斯瓦·弗里克[42]的桑岛人，船上有六名船员。但这位船长将自称为克罗顿，并计划一踏上法国就再更名为让-皮埃尔·吉拉德。前一天，他曾写信给他的妻子艾莉埃娜，自5月以来就再没见过她，她刚刚生下了他们的第五个孩子。他在信中写道:"你会明白我为什么这样做。我不能接受一个成为别国附庸的法国。我觉得解放家园是为我们的孩子而要做出的努力。"[43]第二天,即12月22日,法国便近在咫尺。在经过桑岛之后,船停靠在拉兹角附近的卢布兹港,船上的两名重要乘客被带到克莱-西蒙·诺曼和玛丽-让娜·诺曼夫妇的家中过夜。在简短的介绍之后,在激动的情绪中两人开始工作,并通过"宁录"通信网发送了第一条消息:

>……一切安好,我已把船派往彭赞斯。我计划在两天内动身前往南特,然后继续我的任务。布列塔尼人十分了不起,法兰西万岁,天佑英王。[44]

因为这条消息会到达军情六处,于是也向英方打了声招呼,这得益于他们与伦敦负责法方事务的外事部门建立起的良好关系。自由法国总参二局及其潜伏在渔业部门中的水兵此时正在被占领的法国本土建立一个名副其实的秘密组织。

8 英国人的监狱

随着1940年接近尾声,自由法国的主要领导人或准备同家人团聚,或去拜访友人,以享受几个小时战争之外难得的喘息时间。12月31日,在毗邻卡尔顿花园的绅士俱乐部举行的招待会上,米塞利埃代表军队和文职人员向戴高乐将军致以新年地问

海上的抵抗：自由法国海军史

候。仪式现场热烈非凡，即使米塞利埃在他的演讲中有些话里带刺，但他认为这种暗示对于将军和各位同僚来说都十分"必要"。[45]尽管如此，将军还是热情地回应了他。戴高乐而后便在当晚离开伦敦，前往什罗普郡的乡村，并在那里与家人共度两天假期。米塞利埃则在温莎的老房子酒店度过跨年夜，这里距伦敦以西约一小时车程。他参加了为英国红十字会举办的慈善晚会，并在次日留在那里休息。

1月2日上午，米塞利埃回到位于伦敦马里波恩哈勒姆街的家中。出乎意料，海军中校斯蒂芬斯在这里等着他，并有两名英国检查员陪同。他想一定是有什么"差错"。在坚决要求换上平民的服装之后，他同意跟随他们回到苏格兰场。当他离开时，他看到另外还有大约20名警察，正从半开的门中逐渐走出来……就在前一天，他还接到英国第一海军大臣的电话邀请，并在当天受邀在战时国务秘书处与其共进午餐。前一天享用午餐的他，此时却像逃亡的罪犯一样被捕？他只能相信这是个误会。自由法国海军的司令被安置在英国警察大楼的一个房间里。临近中午，斯蒂芬斯离开，并将其交给了命运；米塞利埃与他握手，请求他向海军上将迪肯斯传达一条简单信息。他发表了作为一名海军士兵的荣誉誓言，他绝对没有做什么羞愧的事情。米塞利埃的几名亲信也被捕：柯格朗博士和他的妻子安吉莉娜·艾兰克斯、维勒中尉、丹茹小姐，以及他的助手，包括司机、管家和保镖。戴高乐将军从什罗普郡的住所返回后，受到英国外交部安东尼·伊登的接见。米塞利埃被指控犯有叛国罪。一位告密者给英方发送了四封信件引发了这场灾祸。这些信件都是由法国领事馆代表罗佐伊将军签署，此人最近被维希政府调回。在这些信件中提到，米塞利埃曾向维希政府吐露了达喀尔行动的情报，他还正准备向其交还"速科夫"号；他收受了两千英镑并准备为自由法国海军的招兵暗中作梗。看到这些文件以后，戴高乐立刻就像吃下了"一剂猛药"，认为这显然是"一场阴谋诡计所造成的巨大错误"[46]。并补充道，他将对此"调查和反思"。

与此同时，一名警察抵达新苏格兰场宣布判决，判决如下：除了根据英国政府将其驱逐出境的判决令以外，这位海军中将还会"在战争期间"被监禁。没有任何检察官向他通报任何指控，但这位新进犯人立即被带到本顿维尔监狱，自由法国海军则对此毫不知情。化名为莫雷的雷蒙·穆莱克，是一位忠诚的参谋长，他自从除夕夜以来就没有见过他的上司。他和戴高乐将军一起去参加午宴，并认为在那里会见到米塞利埃。但在发现米塞利埃的名字已从座位表中删除之后，他在联络官莱西处得知了被指控的事情。此时，戴高乐将军走进房间，莫雷听到他高声说道：

"嘿！中校，我对你的海军中将的事情很清楚！"[47]

戴高乐下午便邀请他到卡尔顿花园，向他展示安东尼·伊登转送过来的罪证。在他们查看之后，莫雷立即表示了他对文本的难以置信，以及1940年各事件相关时间的矛盾之处。他惊异于将军的态度：保持观望，既没有像遇到紧急情况一样的担心，也没有抱有同情之心的鼓励。莫雷试图猜测眼前的这个人内心的真实想法：米塞利埃变化无常，狡猾且自由散漫。对于戴高乐来说，他仍未了解此人。尽管戴高乐思想开放，但米塞利埃的生活方式与他虔诚天主教徒的标准相去甚远。显然，戴高乐内心存在诸多疑问。莫雷则直言不讳地道出这些疑虑：

> 将军，如果您告诉我米塞利埃对首相夫人有觊觎之心，我会说：这有可能。但是背叛，这绝不可能！

但这没有起到任何作用。莫雷失去了冷静，他抗议自由法国在浪费时间，对营救米塞利埃出狱没有任何作为。这些话并没有引起戴高乐的共情，戴高乐依然对此事存疑，并大声喊道：

> 莫雷，滚出去，否则我会送你去陪你的海军中将！

后者目瞪口呆，并警告这是自由法国海军机关正在发生的悲剧。海军指挥权被委托给奥博伊诺。在彭顿维尔，米塞利埃刚刚经历了在狱中的第一天，他没有受到任何优待，监狱工作人员显然没有意识到这位新进犯人并不一般。监狱里的医生以体检为名，实则对其欺辱，并说道："如果你是海军中将，你就不会在这里！"为了保护他的荣誉军团勋章，他也不得不威胁要反抗。但他不久之后就病倒了。戴高乐在凌晨三时把莫雷叫到他的住所，命令他和自己一起去康诺特：

> 是这样的，我已经考虑过了，你是对的。这些文件都是假的，这一切都是阴谋。

莫雷没能忍住，表达了他的一丝苦涩：

将军，您花了 15 个小时才想清楚这一切。

这一次，自由法国的领导人没有对此事发表评论抑或是自己的看法，在他看来，此事是由维希政府主导的。而在莫雷看来，这是戴高乐的"第二个错误"[48]：这一阴谋实则是来自自由法国内部。因此，在 1 月 3 日余下的时间里，他将他的意见写在文件中，放在了戴高乐必须提交的文件夹里，并一起递交给了英国调查员。

1 月 4 日上午，英国海军部终于向自由法国海军的工作人员传达了消息，他们也相信米塞利埃的清白。当天第一个看望这位囚犯的重要人物是海军上将迪肯斯，他向米塞利埃保证会支持他，并要求将他转移到布里克斯顿监狱的一个房间里。"经过 48 小时的调查和反思"之后，戴高乐将军来到安东尼·伊登处并宣布米塞利埃没有理由受到指责，在他看来，这些物证是可疑的。第二天，米塞利埃在狱中病倒，监狱的寒冷使他筋疲力尽。他接受了自由法国海军官员奥博伊诺和塞赫勒斯的探视：他们向他保证他会得到戴高乐的支持。米塞利埃保持了沉默。

到底发生了什么？

莫雷不仅为他的直属上司处理了这场危机，他还有一个预感：这一事件起源于自由法国。自秋天以来，米塞利埃的贴身警卫和自由法国情报部门之间的事端确实成倍增加。帕西管理着以上几个部门，但这些部门先前则是各为其主，在这年夏天，这种分裂才得到初步的整合。如果说德蒂安纳·多尔韦已经准备就绪，并已成功地立足于法国本土，首当其冲的是做好后勤援助和

海上的抵抗：自由法国海军史

为自由法国海军提供情报支持；其他任务，特别是反间谍活动也正在暗中推进。德蒂安纳对米塞利埃身边的两个"灰色人物"心存疑虑。一个是莫雷，他对自己的社会主义信仰毫不掩饰。另一个则是安德烈·拉巴特，他是充满热情的科学家和记者，是新生资讯杂志《自由法兰西》[49]的负责人。情报部门怀疑他过去是共产主义激进分子，与苏维埃之间存在着暧昧关系。莫雷和拉巴特认为他们受到了监视行为的侵害，并对此提出了抗议和投诉，甚至他们的家中也曾遭到入侵。霍华德曾说，整个米塞利埃集团实际上都在位于卡尔顿花园的自由法国总部安全负责人指挥官梅弗尔的视线之中，并且是英方建议帕西对他们进行监视。

为了彻底打倒米塞利埃集团，梅弗尔在他的副手科林的帮助下设了一个圈套，他从领事馆偷走了带有抬头的信笺。科林本人与战前的假案错案也曾有牵连。对于逮捕行动，他们已经计划了18次，假信事件只是起到导火索的作用。该事件的始作俑者等待着苏格兰场的定罪结案。英国的情报部门也乐于攻击戴高乐的抵抗运动，他们自从抵抗运动诞生以来一直向丘吉尔施压使其非法化。[50]

他们最终也没有主动认罪，只是被迫让步。军情五处毫不费力地追查到了事件的源头，因为他们对此次事件完全知悉。1月6日晚上，科林被捕，1月8日，梅弗尔被捕。在同一天，英国海军部再次对米塞利埃伸出援手，将他送至英国格林威治皇家海军学院，而时间会让一切真相大白。拉波特少校和萨瓦里中尉从他的军部[51]为他带来了干净的衣服。在到达格林威治之前，米塞利埃首先去了苏格兰场去了解他的案子，在那里他需会见戴高乐，[52]负责调查的年轻少校杨格向他出示了指控他的文件。看到第一封信，米塞利埃就爆发了：这些信件"显然是假的"！为了让这些物证能够更好地说明问题，他请求反间谍专家来参与鉴定。杨格请了一位专家过来，几分钟后的一句话即可盖棺定论："海军中将是绝对正确的。"这是第一次，米塞利埃对这样的情形感到好笑，他也终于看到了磨难的尽头。认真但缺乏经验的杨格少校被愚弄了。自从参战以来，一整套机制运转着，信息的筛选日趋完善，也左右着事态的后续发展。英军在调查推进中绝对独立，各部门也对其调查结果十分信任。但其实，英国皇家海军从未对米塞利埃给予充分的尊重和信任，插手此事无非是将其作为海军中将给予应有的待遇。

对于米塞利埃来说，他期望能看到自由法国领导人之间的团结一致，但他看到的却是如何自扫门前雪。在戴高乐持观望态度的时间里，这位海军中将失望透顶。当他们得知自己身处警察局时，戴高乐居然不念情谊毫不作为。当戴高乐告诉他自己从来没有怀疑过他的时候，米塞利埃提醒他那天晚上对莫雷的讽刺，而后便迅速离开。

对于事件的始作俑者，虽然我们并不知道他们的行为是出于鲁莽还是出于某种陷害的目的，最终结局都是会受到应有的惩罚。在取得戴高乐将军的同意之后，梅弗尔和他的手下科林将被监禁在马恩岛，[53]并从自由法国中除名。1月10日，米塞利埃恢复了工作，但因感染胸膜炎又休息了十几天。诚然，英国除了诚挚的道歉外别无选择，并且要表现得像当时逮捕自由法国的二号人物一样积极。1月11日,米塞利埃收到了一封由安东尼·伊登签署的政府道歉信。之后他与丘吉尔夫妇共进午餐并受到了英王乔治六世的接见,最终以公开的方式恢复了他的正直和荣誉。

在"威吓"行动泄密以后,戴高乐认为特工机构实为各方势力明争暗斗的产物。此次事件后,他收回了这种偏见以及对英国情报部门的不快,但原本对东道主的感激之情也随之转淡。直到1月7日,莫雷的报告信才被转送至英方,所以戴高乐甚至也十分有可能对自己的犹疑不决和对米塞利埃的怀疑心怀悔意。[54]两人的关系自此再次恶化,甚至没有回转的可能。在莫雷看来,是戴高乐迟迟不承认米塞利埃的清白,更假装相信他有罪。这一事件结束后,米塞利埃便对他的上司抱有强烈的怨恨。

9 后勤处:陆上的基地

海军士兵们在得知米塞利埃遭遇的挫折之后深感担忧。他们的领导者是一个缔造者,是他给了他们机会出海以实现自身价值。这些指控基本上没有被当真。新年伊始,自由法国海军的全体人员继续工作,尤其是在伦敦的人更加努力。除了与英国皇家海军进行作战规划和协调之外,自由海军的管理也已成为一项重要任务。1月初,参谋部搬到了斯坦利街的威斯敏斯特大厦,这栋大楼是由一位南非商人的妻子玛丽-艾利克斯·米凯利斯投资建造的。这座宽敞的建筑还可以容纳更多人办公,最多可达130人。[55]女性在这其中扮演着重要的角色。1940年11月,戴高乐将军创建了一个妇女后勤保障部队,其中包括了自由法国的"海军女兵"。这些职位对所有年龄在 18 岁至 43 岁之间的女性志愿者开放,她们的领导者被命名为"爆发力夫人"。她们是司机、秘书、打字员、裁缝、厨师、电报员、会计师,甚至还是保安。[56]

海军委员让·阿诺尔·德·皮雷、海军中校韦埃泽尔和海军上尉布林·德·罗基耶完美执行了行政工作。皮雷创纪录地在规定时间内默写出法国海军的主要规章制度,并加以修改使其适应与英国皇家海军合作的要求。自 1940 年 10 月起,它成为作为行政单位的每一艘舰艇的基本规定,并最终被确定为后勤运作规则。[57]对于船上的行政管理,斯莱驰委员起草了一份长达 50 页的规章,使得所有船舰甚至那些缺乏经验的舰艇都能同样进行有效管理。比如如何记账和支付供应商,在疾病或死亡的情况下如何进行正式申报等。一切都简单、清晰、有效。米塞利埃还恢复了船上天主教的礼拜,保证了船员的信仰自由。德阿根利厄摘下他的军帽,在海军中将的见证下在"库尔贝"号上做弥撒,之后还任命了几名牧师。

1941 年初,真正属于自由法国海军的基地逐渐在英国建立起来。首先是朴次茅斯港,许多法国船舰于 1940 年 6 月抵达这里,从历史角度来说,这里是自由法国海军的摇篮。除了"库尔贝"号外,还有"阿拉斯"号和"暴风"号两艘船舰在这里停靠,用作军需储备仓库。驻扎于此的猎潜艇队却很快要求将他们的基地从此地转移至怀特岛的考斯港区。对于这个选择,他们给出了一个简单的原因:每当他们完成任务返回,猎潜艇掠过索伦特西口的怀特海岸时,他们都会看到年轻女孩们向他们招手![58]

此外，在考斯港区停留可以避免继续进入朴次茅斯港，以节省每次任务的时间。因为军火库经常成为德军轰炸的目标，[59]他们在这里停靠也能够得到充分休息。留给自由法国海军的其他基地还有利物浦，以及苏格兰的格林诺克，此处距离格拉斯哥约40公里，位于克莱德河的入海处。一旦自由法国海军为参与大西洋护航而武装了新舰艇，这个基地就会变得更加重要。自由法国海军当然也没有错过法属赤道非洲的黑角港，夏里尔中校在那里与英国皇家海军协调南部的船队交通。在邓迪基地，"密涅瓦"号和"红宝石"号会合，法方征用了一处私人船厂作为船坞，而基地则由英方管理。

同样，作为优秀的医生，化名为雷伊的伽罗正在为建立医院而奔忙。从医学的角度来看，如果说开设医院的目的是为了避免大量参与闪电战的英国军用或民用医疗资源被打击，建设医疗中心更重要的目的实则是使海军伤兵的精神能得到更好地安抚，因为他们更愿意在周围都是自己同胞的环境中进行康复治疗，而不是在外国的医疗机构休养。1941年1月初，法兰西驻英国基金协会在伦敦的比肯斯菲尔德开设一处拥有60个床位的医疗机构。设在彼得斯菲尔德的另一处医疗机构也相继建立。最后，汉密尔顿公爵夫人在伦敦圣约翰伍德提供了三栋大楼，法国海事医院成立。

在海上，葡萄酒供给正迅速成为一个主要问题，这不仅仅是为了解决弥撒的需要。因为英国水兵习惯在船上饮用朗姆酒，所以提供给一些船上使用的大酒桶并不适合储存法国水兵喜欢的红酒。英国皇家海军为了表现出自己的合作精神，很快就从南非运来了酒桶和葡萄酒,并且也从地中海的意大利商船上缴获了一批相应物资。在制服问题上,自由法国海军不得不使用英式布料和制式。象腿裤会给人一种奇怪的感觉,粗呢外套也同样被采用。常规服装中的这种花哨设计再加上水兵们通常的平民出身,会导致水兵在船上和港口时的军容有些涣散。在实地检查中,参谋部经常会注意到水兵们留着长发、反戴帽子或戴着拆去帽檐的军官帽。伦敦方面对此不怎么放在心上,他们只是例行公事地强调秩序,没有起到什么成效,而且认为在非常时期这些问题无关紧要。在军纪方面的任务也并不轻松,因为参军的人员大多原来是平民百姓,不了解海军的纪律,更何况此时还处于战争之中。从商船船员转为水兵的众多人员则不了解海军的作风。如果一名水兵有违规行为或者做出了严重的不当行为也不能被监禁,因为在英国领土上有人身保护令的约束,这样做是被禁止的。但是随着最初一段时间的磨合之后,士兵们经受了炮火的锻炼,指挥官们也开始对违纪行为进行惩罚。受到惩罚的原因通常是醉酒或是迟到。监禁地点通常是在船舰的链井中,但最有效的惩罚仍然是扣工资。除了艰巨的海上任务之外,还有同样令人疲惫的陆地转移,再加上空中警报、轰炸、失去家人、朋友或女友,所以上级对于开小差的情况会有所宽宥,累犯是非常罕见的。[60]

为了让水兵们能够娱乐放松和消费,自由法国海军采用了工资簿系统。这是一种身份凭证,在不同地点停靠可以持证在英国皇家海军的不同港口提取部分工资。自由法国海军的薪酬比英军少。正如对于自由法国的所有士兵一样,战争肯定无法使人发家致富,但是戴高乐将军一贯坚持在财务问题方面,自由法国绝不依赖英国。此外，英国皇家海军十分清楚法国海军的管理模式，复制了原法国海军双重标准的晋升方式。正是在这一点上，两国海军的差异最为明显。在自由法国海军晋升非常缓慢且具官僚主义。几个月来，尽管水兵们在实践和训练中表现出色，但是自由法国海军的评估标准主要基于理论，个中原因自不必说。因此可以说，法式的管理模式仍然存在。而英国皇家海军的评估则基于经验和实操评价，[61]态度更加灵活，在很大程度上取决于执行任务的行动结果。

10 自由法国海军学院

如果说水兵的进步是对法方相应措施的回应，那么新兵的训练也受到了战前实践的启发，并使其作战时的应变更加灵活、技术更加进步。米塞利埃的部队自7月12日起便登上"库尔贝"号，开始了为期一个月的实习，内容涵盖天文学、航海理论，还有炮兵演习。第一期考试有50%的人合格，他们成为自由法国海军学院第一批晋级的人员。由于这里不能满足未来军备的需要，于是又将合格的学员送往商船水文学院学习。在坎伯利的营地接受军事训练后，这些海军学院二年级学员还作为舰艇的编外人员上船实践，指挥官必须对他们加以指导。学员们还要学习英语以完成他们在达特茅斯皇家学院的求学内容。而其他的培训内容则在"西奥多·蒂西尔总统"号上完成。这座海洋学教学舰一直停靠在朴次茅斯港，[62]并成为这些晋级学员真正的舰艇学习基地。"星形"号和"美姬"号双桅船逃亡至英国,也作为教学舰来使用。很多军官都来担任讲师,科学课程则由在此避难的大学教授富尼耶先生任教。

其他培训基地也遵循相同的原则,有时会与英国的舰艇合作教学。工程专业的学员首先在"猎豹"号上学习,炮手则要在"卓越"号上接受训练,机械师是在"亚眠"号上,潜艇艇员则在"文森特"号上。雷达兵,特别是随着声呐的出现后,他们就需要在"鱼鹰"号上训练。无线电操作兵和其他新兵被派往位于斯凯格内斯的英国皇家海军中心。所有人员都参加了持续数周的加速培训课程。对于作战归来的水兵来说,也需要参加培训:在每次修整时,都会组织会议以保持对新设备或新操作的知识更新。从第一届学员开始,一个事实似乎就得到了确认:自由法国海军学员的成绩几乎总是排在英国学员前面。[63]

第四章　一支独立的军事力量

1　大西洋上的深海狼群

1939年9月3日"雅典娜"号沉没以来，大西洋海战一直是整场战争中的焦点战局，并从1941年3月开始愈发紧张起来。当时的美国还没有参战，而是投票通过了租赁法案，[1]以便使美国可以以优惠条件向英国供应军事装备。这项法案给丘吉尔带来了希望，他毫不掩饰自己的喜悦，向戴高乐宣告了这个消息。[2]但也正因如此，船队所面临的危险升级。为了成功横渡大西洋，每支船队通常由大约40艘商船组成，每列有4到6艘船排队航行，[3]浩浩荡荡。这个大型矩形可以使一些从侧面接近的潜艇能够覆盖的目标更少。队伍最前面的"旗舰"负责掌控航行和协调速度。在船队的最后有一两艘应急救援船，随时准备在货船被袭击时进行干预。护航船舰依照不同的航行区域，分别对船队的各个部分进行保护,穿梭在每列船队当中,并将它们分开以保持警戒。在1941年初,最危险的航道是西部航路,包括冰岛到英国之间,尤其是爱尔兰海岸附近的水域。纳粹德国U型潜艇的攻击屡次得手。德国潜艇总司令卡尔·邓尼茨海军上将有条不紊地应用着狼群攻击的战术,这是他在20世纪30年代就提出的战争理论。当一艘潜艇发现船队时,便会将他们的位置、路线和速度传达给作战指挥部。而后其他潜艇逐渐靠近,攻击随即打响。鱼雷接连不断地射向防守薄弱的船只,其火力对于护航队来说完全是压倒性的。

面对这种情况,英国皇家海军却无法提供足够的舰艇来作战。3月至6月间,船队共损失了近195艘船,其总排水量约68.8万吨。但德国的潜艇水兵正过着他们"最快乐的日子"[4],尽管德军损失了10艘潜艇。[5]自开战以来,一些U型潜艇就傲慢地展示着他们得手的猎物,例如U-99号潜艇在几个月内就用鱼雷击沉了38艘船。U-99号潜艇最终在1941年3月遭到袭击继而选择自沉,尽管它的指挥官奥托·克雷奇默[6]自此被监禁,他的惊人战绩依然使他榜上有名。1939年10月以来,有56艘舰艇曾遭受其攻击,它所击沉舰艇的总排水量达32万吨,更不必说它在与其他潜艇联合攻击中的战果更甚。其作战方法十分了得:首先追赶货船的纵队,数次发射鱼雷后,随即撤退到船队的后方。而最后的那场失败是由于其二副过早下潜潜艇,英军的声呐随即将其位置捕获。另外,德军更新增补潜艇损耗的速度越来越快。邓尼茨成功的战略战术得到了希特勒的赞赏与信任。德国的工业部门将其投入量产,自1942年起每个月便可以生产20艘U

型潜艇,[7]产量极为惊人。德军的目标很明确：通过摧毁"更多的运输能力，使对手不得不在他们的船坞中重建更多的商船"[8]，继而完全耗尽英国的材料供给。

面对这场激烈的战斗，自由法国拥有的战备资源质量优秀而数量不足。自由法国海军借机将在"弩炮"行动所中缴获的三艘法国大型战舰投入到战争中。首先是"凯旋"号，于1940年底完成武装并交付给菲利普·奥博伊诺中校指挥。它于1934年下水，属于"空想"级驱逐舰，长达130米，航速快，是真正的"大型野兽"。[9]其姊妹舰"可怖"号，在测试中的速度达到了45节，获得了世界上最快军舰的称号。在英方的支持下，"凯旋"号配备了高射炮和声呐。但很遗憾，它在加入"克莱德河"护航舰队第11队不久后，在格林诺克港附近遭误撞，继而不得不在船坞进行长期维修。好在自由法国海军还拥有"猎豹"号，这是一艘较为陈旧的驱逐舰，于1927年首次下水。从1940年11月起，它开始执行护航任务。在1941年2月第三次执行任务时，它在"维尼哥特"号货轮遭到袭击时救起了39名幸存者，并对发动袭击的U型潜艇展开追击，投放深水炸弹。虽然未经证实，但海面上出现了潜艇碎片和油污，这艘潜艇可以认定被击沉。[10] "猎豹"号在英国舰队中赢得了尊重。尽管如此，这些驱逐舰仍然难以养护，并且还需要配备大量船员，根据设备的现代化程度和配置需要240人至320人不等。[11]此外还有一艘自由法国海军的鱼雷艇"悲剧女神"号同样参加作战。"悲剧女神"号由皮埃尔·法夫罗上尉指挥，于1940年秋天开始在英国东海岸的雅茅斯岛活动，英王乔治六世也曾访问过该艇。[12]自2月以来，它一直隶属于潜艇突击舰队,旨在对 U 型潜艇进行近距离防御。不幸的是,它在营救遭受袭击船队的幸存者时被一艘英国驱逐舰误撞,而后便只能像"凯旋"号一样停靠在船坞进行修理。

至于自由法国的商船,它们在与众多货轮一起参加跨大西洋的航行时,同样遭受了巨大损失。在停战期间,超过 115 艘法国商船重新修复并投入使用,雅克·宾根仅依靠自由法国海军的水兵便成功修复并武装了 32 艘商船,其他的船只修复则是和不同国籍的船员一起合作完成。[13] 自 1941 年 4 月起,共有 10 艘商船在行动中沉没,它们或被鱼雷击中、遭遇海难,抑或是触碰水雷、被飞机袭击。而在此期间,自由法国海军共俘获 37 艘来自维希政府的商船,它们在法属赤道非洲港口或海上被拦截扣押。其中的 8 艘由自由法国海军进行武装征用,其余的则继续作为商船原地使用。

2 以花为名的护卫舰们

1941 年初,因为自由法国海军已有足够的人员配备,米塞利埃考虑增派人手参与船队护航。然而仍然可用且适合执行此类任务的法方舰艇很难重新武装:在英方的军械库中,为想要恢复出海的法方舰艇找到合适的配件相当费力,甚至螺栓的螺纹都不同,[14] 配件均不匹配,维护工作很复杂。更重要的是,在几个月的时间内,水下探测设备就已经进化升级,给战舰配备新型设备显然是更有利的。此外,由于米塞利埃同迪肯斯交好,他便呼吁

海上的抵抗：自由法国海军史

向英军借用舰艇。他在4月份以舰队状况为由提出了正式申请：

> 我希望自由法国海军的所有水兵都能为大西洋海战做出最大的贡献。但在目前情况下，将他们留在破旧不堪或技术落后的舰艇上，对我来说，这似乎是错误的。（1941年4月12日第474号信件）[15]

英国海军部和英方政府最终与自由法国海军参谋部达成协议，向法方租借一种英国专为护航而设计生产的反潜护航型舰艇，即"花"级护卫舰。该租赁计划共包括九艘护卫舰。

战争伊始，英国皇家海军便在几家造船厂订购了近200艘"花"级护卫舰。[16] "花"级护卫舰是一种朴素的现代化战舰，它的设计是经过深思熟虑和多方考量的。其船体长为205英尺（62米），设计灵感来自1936年下水的捕鲸船，即"南方自豪"号捕鲸船。它高而圆的船尾设计形似民用船只，但也为军用设备和武器提供了空间。武器方面，主要配备了深水炸弹和刺猬弹，即是在前甲板上安装的小型榴弹发射器。另外还配有一门简易的105毫米口径的主炮和几挺机枪，其中包括"厄利孔"对空机炮。船组成员起初为40余人，后因为逐渐安装的声呐和更为先进的雷达系统，船员达到70人。

此类护卫舰在首次交付时就以花卉名称命名，自由法国海军也未破例。1941年5月5日，第一艘船交付之时，自由法国海军将其命名为"金合欢"号。在接下来的几周里，又有四艘船加入了舰队，包括："庭荠"号、"半边莲"号、"乌头"号和

"毛茛"号。以上所有的护卫舰都隶属于位于纽芬兰圣约翰的纽芬兰护航队。

3 集训

对于 U 型潜艇的追踪不能毫无准备。在出海开展行动之前,为护卫舰所挑选的水兵参加了有针对性的集训。每位水兵不仅要完全了解自己负责的设备,还要会在护航的特殊条件下操作,从而能够有效应对潜艇攻击。因此每位船员都需要在苏格兰西部马尔岛上的托伯莫里中心接受集训。[17]斯蒂芬森准将在此营造的氛围既严肃又轻松,这可以最大限度地发挥学员的潜能,最终使他们成为经验丰富的船员,并且在为期三周的培训结束时,可以加强每艘护卫舰的凝聚力。在集训时,训练舰通常会在港口模拟受到攻击,这些攻击旨在控制船舰,而所有的受训人员必须提高应对能力。为此,斯蒂芬森还不断地设计新的训练内容。关于水兵在这些训练中得到的收获,曾参加受训的尼古拉·蒙萨拉这样说道:

> 学员们打磨了棱角,战胜了经验上的不足,摆脱了自己的稚拙。在他们看来,舰艇是最安全的庇护所,是最好的防御武器。他们明白,终有一日,保持警惕和提高协作能力是能在绝望之时挽救他们生命的唯一办法。[18]

护卫舰的指挥官以及管理人员则在利物浦进行了战术方面的全面学习。在一个大房间里，用粉笔将船队简图画在地面上，根据吉尔伯特·罗伯茨少校从船队的报告中整理出来的研究成果，他们针对 U 型潜艇进行了长达几个小时的针对性演习。

4　首次护航

在必须穿越大西洋的补给舰群中，这些护卫舰最终占据了一席之地。一般来说，整段航程将持续 12 天到 20 天，[19]包括中途在纽芬兰的圣让停留的几天。[20]护航的战力至多可以由 5 艘护卫舰和 2 艘驱逐舰组成。在没有危险的情况下，护卫舰被安排在船队的末端，距离纵队大约 3000 米。[21]为了使安装在船体下方的声呐可以覆盖尽可能宽的探测范围，不论白天还是夜晚，护卫舰都以 Z 字型曲折前行。船队的航行速度很低，船只速度通常都低于 6 节，这足以让护卫舰以最快 15 节至 16 节的速度在其周围移动警戒。

当声呐回波变得更频繁时，或者当雷达提示附近有舰艇、在舰桥上发现潜望镜时，护卫舰就会收到命令，收紧队形并加速前进：它们一方面需要瓦解敌军的火力攻击，迫使敌方潜艇互相靠近，同时也要在必要时加快救援速度。对于护航队来说，此时局势变得十分紧张，因为德军并不总是打击某一个精确的目标，他们首先瞄准的是最大吨位的商船、油轮或军火运输船。当一艘船遭到鱼雷袭击时，距离最近的护卫舰迅速出发寻找发动袭击的敌方舰艇,同时监视着可能在其他地方出现并发起攻击的潜水艇群。当船只失事时,护卫舰会施以援手,但首要任务仍然是进行反击。救援现场十分惨烈:沉没船只的燃油漂浮在海面上,有时会形成燃烧的浮油,少数的幸存者在其中挣扎;有时还会看到已经无生命迹象的尸体面朝上,在满是船舶残骸的海面之上漂浮。

5 首次出航

护卫舰上的生活十分艰苦。船员们除了执勤轮班、负责舰艇设备的长期维护工作之外,还会经常接到那些打破日常节奏、要求进入作战状态的指令。船员们只有五个轮休岗位,数量上远远不够。舷窗不能打开,而且海况通常也很糟糕,以至于以护卫舰的船体高度无法满足对舱室进行通风的条件。通风口的作用微不足道,空气很快就变成了印象中的那种湿度,没有什么东西能保持干燥至几个小时。在护卫舰上,不论是舷梯处还是在机舱内,都经常会涌入大量的水,深度有几厘米,这些水在接触到热管道时便会蒸发。令人窒息的水汽加上不停横摇的船体,时常出现的此类场景让船员们印象深刻。众所周知,即使是轻微的海浪也会让"花"级护卫舰摇摆不定。蒙萨拉曾形容,"护卫舰就像在潮湿的草地上滑行"[22],"它一直摇摆不定,就像整个宇宙都喝醉了一样"[23]。大多数船员都忍受着持续性晕船的痛苦,即使是最习惯于航海的人亦是如此。"毛茛"号的二副米歇尔·科洛托夫证实了这一点:"经过了七年的航行,我第一次遭遇这种特有的不适感和呕吐。"[24]同样受到晕船影响的弗朗索瓦·弗洛伊克准尉却认为,这种与大海融为一体的永恒运动完美无瑕,也最能令人安心:"没有什么能影响到我们的舰艇,这给人一种它能完全经受住任何考验的感觉。"[25]

抵御危险需要稳健地航行。通常船队会沿着既定路线行驶,但也经常偏离,特别是有时会向北偏航,试图脱离 U 型潜艇的侦查范围。此处的冰山司空见惯。此外有时也需要中途在冰岛停靠,来自拉布拉多海的冷空气会导致船只的所有上层建筑表面结冰,整个甲板会被厚厚的冰覆盖长达几天。

基于以上这些情况,船员们的健康状况很差。即使在美国中途停靠可以补充大量蔬菜和水果,但新鲜食品的供给也只能持续几天,接下来的时间通常就只有罐头食品了。三等舱船医阿苏利注意到船员们普遍会都有一些亚健康症状,包括体重减轻、牙龈炎、黑眼圈和极度疲劳。[26]船舰一旦进入港口,维修工作将持续数天。炮手要清洁设备部件,发动机需要全面检查,锅炉也需要进行疏通。船体通常还需要重新喷漆——在大西洋航行时,只需要几天时间,船体就会布满大片锈迹.

6　被同胞杀死的德特罗亚

在数千公里之外,自由法国海军还随同自由法国的部队从法属赤道非洲北上地中海。2 月,早已在黑角等待已久的海军陆战队第一营,经由好望角登陆苏伊士地区,并抵达巴勒斯坦的卡斯蒂纳。它被编入自由法国第一师，属勒让迪奥姆将军麾下，该师共5000名法军士兵。6月，叙利亚之战开始：超过3.5万名盟军士兵进入叙利亚，既可以起到军事缓冲作用，也可以保护更南的苏伊士运河免受德国的侵扰。苏伊士运河是保证地中海地区物品供给的重要通道。维希政府的势力仍然控制着大马士革地区，所以此时要再一次同法国同胞对战。

此次行动面临的困难很大。在海岸附近，英国海军与维希法国的舰艇展开战斗，后者在德国空军的协助下作战。在陆地上，每次的推进都会导致大量伤亡。盟军军队从最南端的德拉开始前进，与他们在艾尔沙纳迈恩的同胞对峙，而后则须退至穆阿达尼绿洲附近驻扎。指挥官德特罗亚奉命夺取大马士革西郊的梅泽赫军用机场，并在6月20日停战之际完成了任务。海军陆战队第一营有10人战亡，数十人受伤。第二天，当德特罗亚在大马士革高地与他的副官让·德·穆迪思会师时，遭遇了维希政府的巡逻小队。随即将这群人俘虏并押送上船，海军陆战队试图说服他们加入，为自由法国而战。为了表示对他们的信任，也为了顾全他们的颜面，德特罗亚没有扣押这些同胞的武器。但当他转身要走向第一营的其他人时，被一名军官从背后开枪打死。位于伦敦的自由法国总参谋部，再次哀悼失去这样一位亲密的战友和杰出的指挥官。为了纪念他为自由法国做出的牺牲，自由法国海军在武装两艘新的"花"级护卫舰时，对于其中的一艘船舰改变了以花名命名的原则，而是命名为"德特罗亚指挥官"号，另一艘则授名为"粉百合"号。该营的指挥权则委任于艾米奥特·丹维尔上尉。

自由法国海军的水兵们则继续进行后续行动。1941年夏天，除商船船员以外，自由法国海军的兵力达到近4000人。作战行动遍布大西洋和非洲，当然还有老战场英吉利海峡。4月，第41号猎潜艇在此处击落了一艘德军轰炸机。太平洋上的行动也更加频繁，"凯旋"号和"矮鹿"号护卫舰在此处负责护送船队，从塔希提岛到瓦利斯，从新喀里多尼亚到澳大利亚或新西兰，都能看到他们的身影。

7 德蒂安纳·多尔韦的悲剧收场

身在漩涡之中的法国本土又如何呢？它的缺位左右着自由法国水兵的命运：他们在世界各地战斗着，奔忙着，却唯独无法回到自己那已被敌人统治的祖国。1940年夏天以来，他们当中没有任何人再回过法国，或者应该说几乎没有。德蒂安纳·多尔韦少校和他的部下曾于12月下船，踏上祖国的土地，并建立起"宁录"通信网，由自由法国总参二局的海军团队和自由法国的相关人员进行监督领导。他化名为让-皮埃尔·吉拉德，以水手的身份进入南特。他和他的团队监视着德军西线作战部和沿海主要军火库的动向。之后他穿过洛里昂，继而抵达巴黎，在这里他遇到了多位抵抗战士。他穿梭于各处藏身地之间，扩大了"宁录"通信网，并成功地宣传了自由法国，特别是与热尔梅娜·蒂利翁和"人类博物馆"的网络成功取得了联系。工作日复一日，唯一的困扰来自无线电操作员马蒂，与其共事的人员发现他在工作上十分没有纪律性。在南特的尚特奈区驻地工作的克莱蒙夫妇曾抱怨他的怠惰。此人总是将大量的金钱和时间花费在小酒馆里喝酒。在城里的住处接待朋友或是带各种各样的女孩回家时，他竟然随意将无线电设备放在显眼的地方。1月18日，德蒂安纳·多尔韦返回南特时，表示会对此事从宽处理，并决定起用伦敦的备选人取代他。伦敦方面，指挥官科瑞恩继续接收情报，并将它们转发到总参二局，该局也会仔细跟进特工的行程。最初的几日让人倍感兴奋：自由法国获得了法国境内不同地区抵抗运动的真实全貌。情报部门可以自行核实信息或对其进行补充，特别是关于德国海军形势的相关情报，这对英国的防御战略至关重要。

但几个月以来，传来的情报越来越不正常，渔业服务站和"宁录"通信网传来坏消息："玛丽-路易斯"号在新一次的航程中被扣留检查，弗里克和他的船员被捕。通信中不再提及几名特工的消息，吉拉德的回答缺乏连贯性、前后矛盾。实际上，德国情报机构在法国最重要的阴谋之一就是破坏总参二局的行动。年轻的军需官马蒂最终使这一阴谋得逞。他并不可靠，行动开始没多久就背叛了自由法国。在抵达三周之后，他就去了德国反间谍机关分部，毫不犹豫地向普斯巴赫少校和他的上级——德国驻昂热军情处的首长德恩巴赫"敞开心扉"。德军驻昂热军情处是德军驻法国本土最大的反间谍中心之一。他们立即设下陷阱抓捕德蒂安纳·多尔韦，马蒂在后者的随身物品中找到了他的个人签名和密码，并在纳粹的严密指示下传送。德蒂安纳·多尔韦于1月21日在南特被捕。克莱蒙夫妇的住房被包围：他被围困，被捕之前一直都在拼命战斗。英法双方被欺骗了长达数月。虽然科瑞

海上的抵抗：自由法国海军史

恩和总参二局早在 5 月就有所怀疑，但直到 7 月 13 日，经由雅克·芒雄传递的消息[27]才确认了德国反间谍中心利用这位无线电操作员叛徒[28]设置了陷阱。大量人员被捕，多个"宁录"情报网点被德军换上了自己的人员。

与此同时，在外界无法知晓的状况之下，"宁录"组织的战士们受到了审判。5 月 26 日，位于巴黎的德国军事法庭对该案宣布了 18 项判决，其中九人被判处死刑：德蒂安纳当然首当其冲。[29]此次审判和执行的结果在某方面揭示了维希政府与自由法国之间的复杂关系。维希法国方面，战争委员会于 5 月 28 日首先对间谍的罪名增加了刑期，对战时逃往国外的罪名加以指控。[30]然而一旦法国海军中的一些人物得知了此项判决，他们便只会记得此人曾是他们的战友，并尽最大努力帮助这位以叛国为罪名、行将被处决的法国同胞。达尔朗办公室的负责人保罗·封丹中校是德蒂安纳的一位老朋友。他十分了解德蒂安纳的强硬和勇气，德蒂安纳对于海军的热爱和忠诚可以超越他 1940 年选择的分裂对立。封丹中校迅速推动他的上司达尔朗干预此事，后者自 2 月以来便担任部长委员会的副主席。在达尔朗看来，这是向盟军展示自身手腕的绝佳机会，同时也可以取悦德军。秉着以无私为名、实则肮脏的目的，他向德国反间谍机关提供了一项计划，旨在摩洛哥建立一个监听中心以提供有关英国海军的重要信息，[31]并以此举来换取德蒂安纳的特赦。维希法国驻纳粹大使费尔南德·德·布里农也在行政层面对德国的停战委员会努力做工作。他指出，在审判期间，法庭庭长在宣判后曾下台与德蒂安纳握手以示尊重。占领区的德军指挥官奥托·冯·斯图尔普纳格尔也对特赦表示赞同。[32]此案一直上达柏林的德国总理府。[33]

"游击部队"和共产主义人士等抵抗者所组织的行动却使这些努力付诸东流。经过两年的互不侵犯之后,自6月22日起,共产主义人士与纳粹集团进行了一场生死攸关的战斗,他们通过号召所有法国的激进分子,来发动麻木的法国平民反抗德国占领者。在巴黎举行的示威活动激化了矛盾并导致两人死亡后,他们的武装分子便暗杀了几名德国士兵以示报复。8月21日,皮埃尔·乔治,即未来的法比安上校在巴尔贝斯地铁站射杀了一名德国水兵。这些事件间接地对狱中的囚犯起到了连锁反应:希特勒明确拒绝赦免德蒂安纳·多尔韦、多尼克和巴里耶三人,但释放了"宁录"组织的其他九名成员。[34]

在整个囚禁期间,弗朗茨·斯托克神父都一直跟陪伴他们,在他向他们宣布了这个消息的时候,他面前的德蒂安纳·多尔韦非常平静:至此,他必须将自己的生命献给上帝和他的祖国了。在被监禁的这段时间,他的信念越发坚定,并给予了他无限的勇气。所有遇到他的人都对他有深刻的印象,不论是抵抗战士、合作伙伴,还是纳粹分子、狱卒。在最后一晚,他写信给他的妹妹凯瑟琳·雷格尼尔,给他的朋友保罗·封丹、斯托克,最后写信给他的妻子和孩子们:"你要向他们解释我做了什么,向这些孩子们解释,让他们知道他们的爸爸只有一个目标,那就是为了法国的强大,并且他为这个目标付出了一生。"[35]8月29日黎明时分,三名自由法国的成员被带到了瓦莱里安山。自他们离开起,斯托克神父便带领众多囚犯为德蒂安纳·多尔韦祈祷。[36]

在伦敦，整个自由法国都陷入一片哀悼之中，以此纪念一位才华横溢的军官，他充满"爱国主义和真正接近圣洁的牺牲精神"[37]。总参谋部的路易·德·维勒福斯中校在英国广播公司电台上悼念他的战友。在悼念中，他多次指控维希政府的懦弱，正是这种懦弱让这名光荣的法国人落入了侵略者的魔爪，随后他也讲述了他们所谓与纳粹合作原则之下的耻辱案例。总而言之，自由法国海军尖锐地抨击了已经向他们迈进一步的达尔朗，当然此次迈进实属口是心非。毋庸置疑，维希政府为此曾付出的努力并不光明磊落，夹杂着同自由法国之间的恩怨情仇，抑或是源于他们自己本身的复仇私欲。

8 圣皮埃尔和密克隆群岛：法国的自主行动

自从自由法国创立伊始，收复圣皮埃尔和密克隆群岛的问题就摆在眼前。需要收复该群岛的原因有很多。早在 1940 年 5 月法国被入侵之时，12 艘拖网渔船就载有成千名水兵在圣皮埃尔避难，并随时等候重新部署。这些水兵几乎都是自由法国海军潜在的新战力，此外还有这两座岛上的居民，他们既是渔民也是合格的水兵。对于自由法国海军来说，该群岛也是一个在大西洋彼岸战略价值无法估量的基地，可以对来自美国的船队进行护航。圣皮埃尔港拥有能够阻断潜水艇在美国水域中航行的战略优势。因此对于自由法国的整体来说，收复圣皮埃尔和密克隆群岛成了一个巨大的象征，它既可以鼓舞盟军部队的士气，也可以加强抵抗运动的合法性。如果说米塞利埃主要是从军事方面考虑此事的话，戴高乐将军则将收复群岛视为自由法国政权的一个新的里程碑。

1940 年 9 月 19 日，在米塞利埃和达德利·庞德爵士的一次会晤中，群岛的问题首次被官方所提及，此时戴高乐将军已经前往非洲。[38] 在接下来的一周里，他所面临的失败将会严重动摇自由法国凝聚、动员法国人民的信心，并会导致一场政变。尽管如此，针对圣皮埃尔和密克隆群岛的首次行动计划依然在 1940 年 10 月 11 日被海军付诸实际。[39] 考虑到此次大规模的军事行动可能会波及当地民众，在缺少有关当地民意调查的情况下，应首先对岛上的贝当政权采取施加经济压力的措施，以使自由法国及其盟友的"解放"师出有名。

事实上，自 1933 年美国解除禁酒令以来，这个法属群岛已经失去了其作为美国国民酒类中心这个令人艳羡的地位，而它需要来自法国本土的直接财政支持。当地的退伍军人委员会对 6 月 18 日戴高乐的倡议做出了响应，当地民众的疑虑也很快不复存在；英国情报部门向自由法国相关部门转达的一份报告中也得出了令人满意的结论。9 月 8 日，当地爆发了一场大型的示威活动，居民用武力释放了被行政长官吉尔伯特·德·布尔纳监禁的戴高乐派反对者。资产阶级及工商业者支持这位长官和维希政权，但所有平民大众都大力支持戴高乐将军。这种矛盾不仅基于价值观或政治观：如果群岛归附戴高乐将军，有产者们担心他们的法郎资产将会崩溃，并且他们进行主要生产活动所使用的渔船也会被征用。为了维持局势，布尔纳采取了一项高明的政策，他依靠维希政府与华盛顿之间的外交同盟关系向美国请求补贴，同时也在岛民中渲染一种合理化的仇英情绪。他向岛民们保证，自由法国运动注定要灭亡，其英国资助方也濒临破产。为了完善他的观点，他自华盛顿归来之后便传达了美国外交官们对此的"信心"。[40]他宣称圣皮埃尔和密克隆群岛基本依靠财政补贴，如果没有维希政府的支持，会面临更大的困难。尽管充斥着反对情绪，岛民们仍心怀忧虑，并放弃了推翻当地政府。

但在1941年，对于维希政府的支持已不足以抵消同盟国所实施的捕鱼禁令，限制活动所导致的无所事事让人们再也无法忍受。失业人数不断增加，岛民对法国本土的不满也变得难以调和。另一方面，自由法国已经武装了新船，消化掉了达喀尔的失败，并有能力实施收复群岛的新计划。然而本次活动仍然面临诸多困难：潜在的障碍来自美国。首先，华盛顿方面决定立即停止发放财政援助。过于突然的动作使布尔纳一方更具正当性，并使岛屿陷入饥荒。其次，美方同意维希政权夺回群岛，特别是允许位于西印度群岛的维希海军派遣几艘大型船舰前来。尽管有证据表明，维希方面该部门的指挥官、海军上将罗伯特已经明确表达了对自由法国的赞同，但仍然忠于贝当元帅、与达尔朗的法国舰队态度依旧暧昧。因此，此处的障碍是真实存在的，自由法国正在柔和缓慢地进行纵横捭阖，以消除外交领域的壁垒。

1941年9月11日，在与新任英国海军副参谋长、皇家海军作战负责人的会晤中，米塞利埃再次谈到了自由法国收复圣皮埃尔和密克隆群岛的事项。[41]米塞利埃询问英军总参谋部对此问题的立场,但总未得到正式答复。在接下来的几周里,该议题并没有被公开讨论,但成为一个优先事项:因为戴高乐刚刚成立了法兰西民族委员会,该事项有助于其建立信誉,并获得同盟方对其作为"政府"的真正认可。

自由法国终于发布了自圣皮埃尔方面在 11 月发来的信息,并抱怨英国广播公司的无线电干扰。该信息是为呼应戴高乐将军抵抗运动的声明:"请来解救我们,再次恳求您。"[42] 针对该信息,戴高乐当即做出反应,并命令米塞利埃于 11 月 24 日出发前往加拿大巡检已经撤退的自由法国海军船舰,并在巡检时再次集结舰队。米塞利埃乐于回到海上,并期待与法国水兵共事。他乘坐"半边莲"号护卫舰,并登上英方为其提供的极舒适的巡洋舰穿越大西洋。

英军总参谋部终于在 12 月初进行了回应。出于与大西洋海战相关的一些显而易见的战略原因,英国皇家海军同意收复群岛,但没有明确表示英国政府的意图。对于已经厌倦了等待外交协议的戴高乐将军来说,这种支持已经足够了。戴高乐命令米塞利埃即刻继续行动,并且任何涉及外交的问题都由他来承担全部后果。戴高乐提出将以书面形式向米塞利埃发出这项指令。了解到领导人的决心后,米塞利埃回答说:"没关系,口头命令对我来说已经足够了。"[43] 他在纽芬兰集结了"乌头"号、"金合欢"号和"庭荠"号护卫舰,将它们从常规的护送编组中调离,并计划加入"速科夫"号潜艇。这艘大型潜艇的重新改装存在一些较大的技术问题,目前停驻在哈利法克斯的不远处,并同时参与舰队护航工作。在这支纯法国的舰队中,这艘潜艇的存在成为

海上的抵抗：自由法国海军史

一种令人无法忽视的实力象征。

正是在同一时间，改变美国立场的重大事件发生了日本偷袭珍珠港。受到袭击的美国在数小时内宣布开战，并加入盟军。对于圣皮埃尔和密克隆岛来说，局势已经发生了巨大变化，米塞利埃确信这次行动必须与其他政府一起协作进行，他便转向渥太华以取得合作协议。米塞利埃向戴高乐将军发送了一封电报以报告情况，并请求戴高乐将军联系英国外交部以征得英方同意。收到消息后，自由法国的领导人戴高乐将军有些不知所措。恰恰相反，他本想秘密进行此次行动！不过他还是在12月10日写信给温斯顿·丘吉尔，详细说明了这项计划。[44] 大概为了让英方相信法方此项决定的自主性，他特别提到该行动的最初提议是来自米塞利埃，并且他表示支持并"完全批准"。有关此次事件，戴高乐被伦敦一家消息并不灵通的媒体所刺痛。该媒体的一篇文章声称米塞利埃实际上已经前往华盛顿进行谈判。相关信息显然是错误的，但远在大洋彼岸的米塞利埃无法为自己辩护，并受到了自由法国领导人的指责。戴高乐将军命令米塞利埃返回伦敦，[45] 这项军事行动似乎被推迟了。

12月17日，自由法国总部收到了英国外交部的回应：伦敦方面在与美方协商后，强烈反对这一军事行动。然而这并未阻止戴高乐，此条回应反而促成了事态的进一步发展。在回信中，英国外交部承认了美国和加拿大正计划在圣皮埃尔和密克隆岛登陆，以占领安装在那里的广播电台。对于戴高乐来说，这次登陆行动是对法国主权的严重挑战。正考虑推迟军事行动的米塞利埃收到了继续行动的正式命令。米塞利埃决定服从命令，这是首次

·第四章 一支独立的军事力量·

在未与英国海军协商一致的情况下采取行动,他对此感到遗憾。

在哈利法克斯港驻留的期间,潜艇的火炮都已经结冰。12月23日,"速科夫"号和三艘护卫舰终于起航,正式前往加拿大附近海域执行巡逻任务。由于恶劣的天气,航行并不顺利。刚刚离岸前往目标海域,米塞利埃就意识到他参与到了一场自由法国与盟军间的实力较量之中。他向英国总参谋部发送了一条加密信息,指明他的所在位置和路线,就好像英法之间的作战合作仍在进行中一样,同时也给此项行动带上了明显的军事色彩。另一方面,长期以来一直想在这里登陆的米塞利埃并没有更改意志,并同在伦敦时就结识的亲信——特别是路易·艾隆·德·维勒福斯和他的副官阿兰·萨瓦里中尉一起展开行动。

141

航行至入夜,群岛便依稀可见,船舰于12月23日与12月24日间的夜晚停靠圣皮埃尔港。此过程没有发生任何的军事行动。不费一兵一卒,在四艘战舰面前,负责港口防御的当地宪兵部队迅速放下他们的旧式勒贝尔步枪缴械投降。三艘护卫舰安静地驶入港口,"速科夫"号因为吃水太大而停留在港外锚地。消息立即传开,几分钟之内就传遍了全岛。确认相关信息的报告也很快传达开来:岛民们一刻也没有抑制住他们的喜悦,并热烈而隆重地欢迎海军部队。仅仅在几分钟之内,自由法国海军就夺取了几艘船舰、若干武器储备和主要战略场所,如广播电台、海关驻地和行政长官官邸。圣皮埃尔岛的居民们奔向船舰,在一艘护卫舰的舷门上放置一台唱片机,并播放起爱国歌曲。米塞利埃推了推维勒福斯,并笑道:"嘿,老伙计……"行动继续进行,米塞利埃命令"庭荠"号的指挥官勒阿勒尔继续前去收复密克隆

142

· 101 ·

海上的抵抗：自由法国海军史

岛，以振士气。

这一天终于来临，岛上指挥部的设立顺利进行。在此前一天，吉尔伯特·德·布尔纳宣布被迫让位，在最后一次呼喊"贝当万岁"之后便停止了反抗。23 岁的阿兰·萨瓦里被任命为临时行政长官。这位海军专员毕业于自由法国下属的政治学院并获得法律学位，是管理群岛和实施自由法国政策的理想人选。[46]在第二天，所有海军人员都参加了圣诞弥撒，这消除了一些宗教信仰人士的最后疑虑。[47]因为维希派曾误导民众，之前有些人担心归顺自由法国之后会出现反宗教政策。最终，疑虑消散，米塞利埃立即明白，必须借助这些民众的支持来应对即将到来的外交考验。

在收到法兰西民族委员会的祝贺之后，他决定使用美国自威尔逊主义以来的传统武器，即民主进步和人民自决权来建立其政治论点。自 12 月 24 日起，他印制了公投选票，并在第二天的圣诞节当日就群岛归附问题向所有居民开放市政厅办公室并组织公投。投票提案如下：

（1）归附于自由法国

（2）同轴心国进行合作

他还利用了在场的美国记者艾拉·沃尔弗特，这位记者在哈利法克斯登船并全程追踪了整个军事行动。在他撰写的第一份公报中，证明了军事上的登陆成功、组织公投的重要性以及自由法国在圣皮埃尔和密克隆群岛的合法性。投票顺利进行，所有在岛居民都参与其中。12月26日，圣皮埃尔和密克隆共同的结果公布：783票选择了归附自由法国，14票希望留在维希政权，215票无效或不可受理——这主要是因为在选票上手写"戴高乐万岁"或"法兰西万岁"等。投票结果无异议，沃尔弗特为北美报业联盟撰写了首批快报，此联盟涵盖了85家美国报纸。除此之外，米塞利埃也显然没有忘记自由法国海军自己的目标，他在公布投票结果的当夜就发表了演讲。演讲中首先谈到了解放领土的残酷战斗，详细描述了大西洋海战的后果，解释了"庭荠"号和"乌头号"号护卫舰的出航目的，它们将再次出发护送船队。然后米塞利埃大声描述着这个重生的法国将一步步团结起来。演讲充满着爱国热情和对未来的希望。对于群岛中那些自战争开始以来就无所事事的青年人来说，此次演讲听起来简直像是一种邀请。他们纷纷涌向讲台，渴望被招募出海。之前参战过的一些士兵还提议成立一组部队来保护群岛。维希政权所掩埋的精神重新复活，但并没有复仇意味。玛丽安娜的半身像被放回到礼堂之中，当夜，火炬游行照亮了城市，处处回荡着马赛曲：全民归附，重拾力量。

9 以"自由法国"之名

在伦敦，气氛却不那么欢快，协调盟军的工作远未取得胜利。问题不限于圣皮埃尔和密克隆群岛及其居民，还涉及美国与维希政府的外交关系。12月25日之后，美方在得知自由法国的

海上的抵抗：自由法国海军史

部队登陆后便展开攻势。美国国务卿科德尔·赫尔发表了严厉的声明，直言不讳地谴责了这次行动：

> 所谓的自由法国海军所采取的军事行动事先没有被美国政府所知晓，也没有征得其同意。[48] [……]

美国在公告中直接宣布，已向加拿大提出要求，考虑采取军事行动手段以"恢复圣皮埃尔和密克隆群岛的局势"。美国几乎是在指责法兰西民族委员会的海盗式行为，而戴高乐将军则谴责华盛顿和维希政权之间的协议，以牺牲民主的方式背离加入抵抗运动的法国人民。局势紧张并持续数天，戴高乐在做出回应之前观察着局势的发展。戴高乐可以使用多个可供反驳的论据来支持他的论点。英国外交部则主张群岛中立化并通知戴高乐将军，英方将支持封锁群岛直到争议得到解决。自门罗主义以来，华盛顿方面就有保护美洲大陆的政策，而科德尔·赫尔不想在定于1月15日举行的泛美会议上为美方自己的弱点进行辩解。但戴高乐很快就观察到美国的公众舆论对群岛归附问题上的压倒性支持。在珍珠港事件和美国参战后，本次群岛的归附在媒体上称为希望之源。另外在美国权力内部的意见分歧也很大。罗斯福总统的顾问哈里·霍普金斯在事后声明："珍珠港的灾难发生18天后，这是盟军第一个出色又成功的行动。"[49] 美国人民对于尚还弱小的自由法国所采取的行动表示赞赏和尊重。该事件被广泛宣传，派拉蒙甚至派团队前往现场进行拍摄。《纽约邮报》采访了三位当地人，他们讲述了岛上的生活和对于战斗的渴望。小小的群岛是否能与被卑劣轰炸的珍珠港遥相呼应?是否能对经历了一年多战争的民众心怀怜悯?本次采访加强了美国人民对此的支持,科德尔·赫尔的立场变得不堪一击。在这一点上,是米塞利埃精心策划并放大了媒体的积极影响。在自由法国的驻美大使安德烈·蒂克尔选择退让并支持华盛顿的官方立场时,米塞利埃接受了一次毅然决然的专访,并在几份日报中重复报道:

> 在我们还活着的时候,世界上没有任何力量可以将我和我的部队赶出这些岛屿。为了荣誉,我会坚持抵抗任何强大的海军力量。群岛上的人民自由地选择了我们,我们便会不顾一切与他们一起奋斗到最后。我无法相信民主的力量会试图以强制手段反对人民的意志,人民在自由的选举中进行自由的表达,并在这次选举中宣告渴求摆脱独裁统治,并将对世界上所有独裁统治的反抗进行到底。如果在某种不可思议的状况下依旧做出此类尝试,那么地球上将不再会有民主,而对于民主人士来说,除了死亡之外别无他法。我们的血会玷污历史,民主会是我们的裹尸布和我们的坟墓。[50]

这位海军中将以最忠诚的方式完成了他的使命,但这并不妨碍他对于军事行动的方式持保留意见。他在1月9日接受《基督教科学箴言报》(波士顿的日报)采访时补充到,他也不赞成未经盟军同意便做出行动的决定。

戴高乐将军此时回应美国,解释了为何做出了收复圣皮埃尔和密克隆群岛并使美加监管计划落空的决定。他毫不犹豫地指出，美国国务卿冒着同盟分裂的风险，没有选择与德国对立的一方，反而同维希政权建立了不必要的危险关系。对于包括在法国本土和殖民帝国内的法国人民来说，本次影响是灾难性的，如果美国进入战场，最好及时了解并远离那些积极与德国合作的纳粹分子。这是戴高乐自成为自由法国领导人以来第一次严重的外交冲突，没有拐弯抹角，没有伸手言和。他确信他在这片法兰西领土上享有的合法权利，并冷漠地回应了反对声音。他写信给丘吉尔："在我看来，在战争中，将奖励授予不体面的伪君子，这种做法是不对的。"[51]

当英国外交部谴责其主张时，戴高乐并不会因为这是英方的想法而不做出任何回应，因为在这方面是英方违背承诺：丘吉尔曾公开向戴高乐保证将满足他有关改善海洋安全情况的要求。目前通过这种操作方式看来，英国政府仍然"忠于"罗斯福政府，但同样考虑到未来和一些重要的战略需要。凭借这种双重定位，英国外交部被两个阵营选择为仲裁者，外交危机也持续不过几周。自由法国谴责封锁岛屿，缺乏补给将危及岛民的生命。

罗斯福明白，他不能再拒绝群岛归附自由法国，以免给世人留下他支持维希政权并与之合作的印象。由于他对媒体的看法十分敏感，他发现科德尔·赫尔在泛美会议上的立场已经站不住脚。罗斯福很快决定将一份协议草案发送到伦敦，首先是获得英方的通过，之后英方于1月14日将草案转交给自由法国。美国提议让这些岛屿中立，在战争结束前实行自治管理，但戴高乐将军立即拒绝了，他表示当地居民并没有投票赞成中立。美国国务院进行备案并将反提案推迟。泛美会议结束后，温斯顿·丘吉尔在 1 月 22 日提出一个新建议。他向戴高乐详细介绍了其中的内容：圣皮埃尔和密克隆群岛仍然是一个法属群岛，由一个自治咨询委员会管理，但广播电台或许会由加拿大和美国的人员来运营，因为这是圣皮埃尔的一项重要的战略资产；在财政方面，群岛会继续得到美国的援助。丘吉尔随后进一步解释了文本：这只是为了挽回美国的颜面，加拿大和美国的人员为电台工作，这不会改变两个岛屿的政治主权。对于戴高乐将军来说，他的基本要求得以满足，而美国的援助可以使当地继续发展。此次的建议一开始就被接受了。这不仅是盟国之间的成功，抵抗运动的合法性得到了加强，而维希政府也无法阻止该协议的达成。为了保持与华盛顿的关系，法方对异议进行轻微的让步，并形成官方文件。自由法国的运动组织可以稳定下来，并为了满足其海军的需要，而重建圣皮埃尔和密克隆群岛。

10　控制群岛

在现场接管政府的是米塞利埃和阿兰·萨瓦里。第一阶段首先要做的就是在行政长官被捕后处理维希分子。加拿大领事的报告中提到的所有维希分子都被免职，有些人则被监禁（无线电部门负责人就是其中之一，他毫不掩饰对纳粹政权的赞赏）。米塞利埃还特意调取了圣皮埃尔和密克隆群岛的普瓦颂主教的资料，他对戴高乐运动的态度非常保守，同时也是群岛中一位受人尊敬和有话语权的人物。[52]米塞利埃建议法属赤道非洲的塔迪主教写

海上的抵抗：自由法国海军史

信给他，说服他相信自由法国运动符合基督教价值观，但他对塔迪主教的劝说仍旧存疑。最终，为了不冒险与梵蒂冈方面发生危机，普瓦颂主教被恭敬地留在原处，[53]但在兢兢业业的自由法国海军面前，他被要求减少对于政治事务的关注。但他也并非对政治方面毫无所知，自从1月底开始，确认群岛归附的协议已经众所周知，而且自由法国海军已经完全不会再受外力干预，因此他最好接受既定事实。总体来说，不会出现公报私仇的情况，肃清维希分子的过程有力而公正。在政治上，为了防止盟军对两岛政府抱有任何不满，戴高乐将军还就协商委员会的组成作出明确指示。1月24日，他指示米塞利埃创建一个委员会，并由法兰西民族委员会"妥善管理"。[54]米塞利埃提名并任命了一些信奉戴高乐主义的水兵和当地居民，以便在他离开后当地只有一位话事人，那就是海军中尉和行政长官萨瓦里。

接管圣皮埃尔和密克隆群岛的第二阶段对于建立自由法国的控制权也很重要，这便是在经济上重建岛屿，弥补因渔业活动停止而造成的损失。拖网渔船在港口中已经生锈，没有燃油补给，也没有相关维护。自战争开始以来，当地居民便缺少食物，并且在外交谈判期间，外界停止向该群岛运送货物，由此耗尽了最后可用的库存。为了应对当前这种最紧急的状况，"速科夫"号在出航前将柴油卸载上岸，"金合欢"号则停留在当地提供燃料供暖，水兵们也将他们的储备口粮分发出去。[55]在等待恢复经济援助和物资供给的同时，米塞利埃有一个新颖的想法，就是借助美国民众的热忱，在纽约组织特别邮票销售会。[56]

在2月初，问题才出现转机，终于确认了恢复经济援助，港口的贸易活动也能够如常进行。渔民返回到海上，并获准可以在加拿大出售他们的渔获物。米塞利埃启用自由法国海军的建设资金支付了重建圣皮埃尔经济总额的半数。他开设了纺织和缝纫车间用以生产制服，招募工人进行港口筑防工程，重组机械车间，甚至为新晋入伍士兵开设了海员培训学校。[57]几周以后，圣皮埃尔和密克隆群岛终于恢复生机。群岛有待开发的潜力成为自由法国海军海洋战略中的一部分。米塞利埃在2月13日离开群岛。[58]他对自己在群岛上的工作表示满意，在这里他展示了自己的领导才能并做出了一些具体的决策。临行前，他接待了几位显要人物，他们悔于自己起初曾公开表示对米塞利埃的不信任。在拥挤的码头上，人群向他致意，在欢快却带有一丝伤感的氛围中，"金合欢"号起航，前往纽芬兰的甘德。

但此时两起悲剧的发生使自由法国和海军的喜悦黯然失色。"庭荠"号护卫舰在经过八个月的活动、十几次护航并参与到收复群岛的行动后，于2月8日在纽芬兰登陆时被鱼雷击中。34名幸存者被救助上岸，但其余的35名水兵失踪，其中包括5名刚刚入伍的圣皮埃尔人。[59]更令人悲痛的是，"速科夫"号潜艇在不到两周之后也沉没在大海之中。"速科夫"号朝着百慕大的方向航行时，收到德阿根利厄（在努美阿晋升为海军准将和高级专员）的指令后前往太平洋作战，2月19日于途中在加勒比海撞上了一艘美国商船，当时它正驶入巴拿马运河。美国商船"汤普森·莱克斯"号并未知晓在此处有盟军潜艇的存在，深夜中与其相撞并使其沉没。潜艇上的126名船员无一人幸存。沉船事件是一场双重的遗憾，既是因为事件的发生纯属偶然，同时也是因为这艘宏伟的现代化潜艇对大西洋海域和高纬度地区的作战适应能力很差，在它正准备驶向新的任务以证明其价值之时，遗憾永眠于海底。

11 自由法国海军的新基地

当群岛得到控制之后，自由法国海军参谋部就积极协调力图在圣皮埃尔和密克隆群岛建立新的海军基地，并接受盟军的指挥。政治方面的斗争结束之后，自由法国海军参谋部就想要将群岛利用起来，尤其是自美国参战以后，大西洋海战的战线一直在缓慢而持续地向西移动，纽芬兰群岛附近海域的战略地位就显得更加重要。在美国和加拿大正式承认群岛的主权归属之后，美国领事便同萨瓦里就实施军事合作进行谈判。该群岛作为护航基地以及常规性反潜战基地而备受关注。大西洋船队的航线会经过距圣皮埃尔以东约180海里（300千米）的海域，而德国的潜艇也经常冒险靠近美国海岸。渔民们经常会发现它们的行踪。

经过一段时间的研究之后，奥博伊诺上校和法兰西民族委员会一同与加拿大进行谈判，并根据1942年10月的租赁法案，引入一个容量为2500立方米的燃油罐[60]、一个容量为500立方米并配备加热电阻器的汽油罐以及一些机床和发电机组，以便服务于米塞利埃重新启用的维修车间。在1941年至1942年计划下水的110艘英国船只中，自由法国海军参谋部获得了三艘海岸警备艇。为了能使这些舰艇可以警戒附近海岸，萨瓦里继续完善海上配套设施工程（包括设立浮标、港口工程等）。他按照盟军设备参数来调整无线电系统和频率，并修建了一条飞机跑道。几个月以来，随着双方不断增进信任和了解，加拿大人获准租用30公顷的土地来安装雷达并配备加方工作人员，[61]这是他们最东端的雷达监测点，故而也是最高效的。双方就在战争结束后土地和设备归属法国所有达成一致，并且法国水兵获准进入此项计划的开发与维护工作中。自由法国海军在这件事情上一举两得：他们获得了免费培训机会——这正是自由法国水兵目前最欠缺的，同时也可以使用盟军的设备来满足自己的战略需求。

法方警备艇和护卫舰可以获得气象信息和敌方位置，以开展安保和护航工作。还有非常重要的一点，法国海军现在可以停靠在圣皮埃尔港，而不是在哈利法克斯、圣让或阿真舍的港口，这极大鼓舞了士气。在这个已解放的地域中，幅员虽不辽阔，人们却在此重拾希望，岛民能够服务于自由法国的舰艇，并以此为荣。来自圣皮埃尔的水兵们已经开始登上护卫舰服役，并在休假期间可以直接返回家乡。"半边莲"号护卫舰的指挥官皮埃尔·德·莫尔西耶说道："此次同法属海外领地之间的来往，预示着全民都对解放之日翘首以盼，米塞利埃将军也曾说过，这种来往应该多多益善。"[62]

这片法属海外领地时刻毫无保留地为自由法国服务着。在战争期间，4000名居民中有近500人志愿加入了自由法国军队，[63]其中加入海军部队的占绝大多数。登陆圣皮埃尔和密克隆群岛并迅速将其收复，这无疑归功于米塞利埃将军。外交方面的战斗由戴高乐将军完美完成，米塞利埃也利用美国民众对收复群岛的支持为其助力。但是只能说这对搭档只是基于巧合冒险地完成了此次行动，而实际上米塞利埃依旧未能充分理解自由法国对盟军军队的态度。两人之间的关系，确实也达到了误会的顶点。

12　米塞利埃和戴高乐的首次对抗

事实上从抵抗运动初期开始，米塞利埃就没有执着于积怨，而是利用自己作为自由海军无可争议的领导者地位努力向前推进工作。直到 1940 年 9 月 9 日，提及 8 月 7 日的协商以及戴高乐前往非洲后的工作安排时，这位海军中将在一封宣布各项决定的信函中冷漠地表达了自己的疑虑："鉴于法国正在进行中的各项事务的工作方式，我不得不对未来持保留意见，对此我深感遗憾。"之后，在 10 月 20 日，身在法属赤道非洲的抵抗运动领袖在一封电报中直截了当地对此进行回复：

> 我很不满意您现在的态度［……］我命令您只负责处理军事事务［……］我不接受您随意提拔军官；这项权力我完全为自己保留。您在伦敦发表的讲话毫无顾忌，做出的评论造成了极其不良的影响。无论如何，我希望您应该践行您的品格与职责，立即采取更加自律和更加冷静的态度，这绝对十分必要。以上是根据我个人的措辞与对事实的充分了解而书写的。

第四章 一支独立的军事力量

在"威吓"行动期间,二者在法属赤道非洲建立海军基地的问题上就出现了分歧。对米塞利埃来说,忙于重新武装船舰并与英国皇家海军建立合作关系似乎不是优先事项,但对于戴高乐要加强对法兰西帝国的控制却至关重要。米塞利埃最终服从,并目睹了他的上司开展其政治计划。

1941年1月,海军中将米塞利埃被捕,并没有产生任何影响,自由法国海军参谋部认为戴高乐在明确意图之前就已经长时间"怀疑"海军部队。当发现了与帕西领导的部门有关联的罪犯时,海军中某些小集团的反对声音则更加强烈。在1941年上半年,同样发生了其他冲突,特别是戴高乐在没有通知米塞利埃的情况下任命了德阿根利厄为太平洋高级专员,并且3月时在未告知的情况下就将米塞利埃手下的自由法国空军负责人瓦林上校派遣到埃及。在收复圣皮埃尔和密克隆群岛的三个月之前,也就是1941年9月,爆发了第一次真正的危机。戴高乐将军要求组建一个自由法国内集体行使权力的部门,即法兰西民族委员会,由抵抗运动的行政人员和军事人员共同组成。米塞利埃被任命为海军和商船委员,但他立即表示拒绝这项命令,并对抗那些被任命的亲戴高乐派的人员。米塞利埃解释说,"盟军的介入获胜了",他必须在这个并行的执行委员会中获得一个副主席的职位。他想提名他的亲信莫雷和拉巴特进入委员会。他补充说如果不这样做,委员会将对法国的民主构成威胁,但此时他的主张变得有些自相矛盾。经过激烈的协商之后,米塞利埃确认如果没有通过他的提案,就不希望"与这个委员会有任何关联",这便暗示了自由法国海军的分裂,戴高乐将军在9月23日回应了这位海军

· 113 ·

海上的抵抗：自由法国海军史

委员的提议。对抗变得更加直接了：

> 当您向我告知，您将决意分裂自由法国，您将我任命您所领导下的海军分离出去时，您已经超出了您的权利和义务。因此，您的行为已经构成了滥用这项我曾委托于您的自由法国军队的军事指挥权。这是不可容忍的。相关的军官及人员受雇于自由法国，并经由我的授权应征入伍。此外，您在这个以团结为全部力量的抵抗运动组织中破坏了团结，在面对敌人和法国所处的局势中，运动组织可能是拯救祖国的唯一希望……最后，您毫无组织纪律地损害了法国的军事力量，您引起了让组织无法继续下去的风波和分裂。我不允许您这样做。
>
> [……] 直到明天 9 月 24 日 16 时之前，我会等待您的回复。在此之后，我将采取必要措施确保您停止继续造成伤害，并使您的行为为公众所知，即冠以罪名。[64]

指控十分突然。米塞利埃担心再次被捕，不同的是，这次的逮捕将由自由法国执行。在与迪肯斯上将取得联系并得到他的支持后，米塞利埃将自己置身于苏格兰场的保护之下，一辆英国警车甚至停靠在自由法国海军的总部附近![65] 当天，英国政府和英国海军部分别支持两方，一方支持将军，一方支持海军中将，但都私下向当事人施压，要求他们重新考虑对话沟通并找到解决办法。米塞利埃了解到事态的变化过于迅速，虽然他对那封信的语气表示遗憾，但他声明"从不想破坏自由法国的统一"。他最终顺从并表示存在误解。戴高乐将军对此表示欢迎，因为他了解其下属的品格，了解他为重建海军所做的一切，并了解他对周围人的影响力。当天晚上，米塞利埃被任命为民族委员会的海军和商船委员。这场残酷的纷争转瞬即逝。10月21日，戴高乐在邓迪潜艇基地举行的仪式上向米塞利埃颁发了解放十字勋章。如果此时二人心中都无任何隐瞒，那么彼此的合作又恢复正常。

159

13 自圣皮埃尔和密克隆群岛归来，及3月3日委员会会议

自圣皮埃尔和密克隆群岛的行动归来之后，米塞利埃得到了戴高乐将军的亲自迎接，并对成功收复群岛表示祝贺。行动的成功完成和岛屿的战略价值给戴高乐将军带来了一些新的启示，并证实了他有独立于盟国之外开展其他军事行动的意愿。他立刻向米塞利埃发出有关后续战争的指令：

组成两个分别在地中海和太平洋的小型海军分舰队，每个分舰队包括：
——两艘驱逐舰或鱼雷艇
——一艘或两艘潜艇
——护卫舰若干
继续参与盟军舰队的护航活动（八艘护卫舰）和布雷行动（一艘或两艘潜艇）。

海上的抵抗：自由法国海军史

维护并保障在英吉利海峡中我方海军参与有关法国海岸的军事行动和一些特殊行动（八艘猎潜艇、警戒艇、快艇等）。

活化我方在黎凡特地区、太平洋地区、自由法属非洲地区、圣皮埃尔和密克隆群岛的海军司令部组织。

组织建立：

——位于英格兰的一个海军陆战队营

——位于黎凡特地区的一支海军陆战队装甲兵部队

——位于太平洋地区的一个海军陆战队连

自由法国，英国人的宾客：戴高乐将军和米塞利埃中将在访问比肯斯菲尔德的疗养院期间与伊丽莎白王后进行交谈

"玛丽-斯黛拉"号。1940年6月,
桑岛人用来抵达英格兰的六艘船之一

奥诺雷·德蒂安纳·多尔韦。他的勇气和悲惨的结局
很快使他成为在伦敦的所有法国人和抵抗运动的英雄

海上的抵抗：自由法国海军史

戴高乐将军检阅并授勋"红宝石"号潜艇的船员。
照片右下角，是船上的狗巴克斯

大西洋船队鸟瞰图

·第四章 一支独立的军事力量·

1941年12月,在前往圣皮埃尔和密克隆的"半边莲"号上,米塞利埃中将和艾隆·德·维勒福斯中校、德·莫尔西耶上尉和联络官

1941年12月,自由法国通过解放圣皮埃尔和密克隆群岛执行主权使命,当地居民以压倒性多数投票支持

海上的抵抗：自由法国海军史

在北大西洋的护卫舰冰冻甲板上进行船体维护

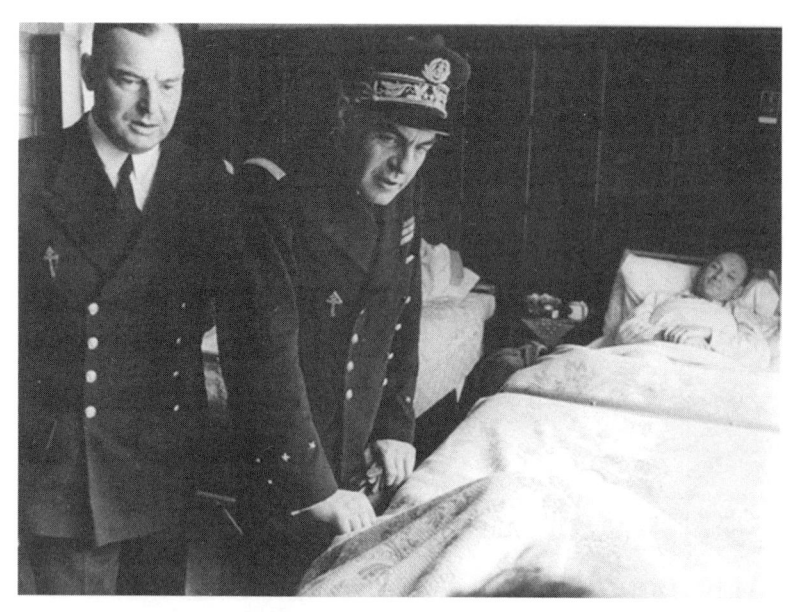

自由法国海军新任指挥官奥博伊诺将军在探视伤员

·第四章 一支独立的军事力量·

空袭穿过北极向俄罗斯提供补给的船队。
德国战斗机和轰炸机的基地在挪威

在英国参训的自由法国海军陆战队：蒙眼重新组装冲锋枪

海上的抵抗：自由法国海军史

胜利的喜悦：1945 年 6 月，第 23 舰队的鱼雷艇在巴黎沿塞纳河航行

配备主要服务于登陆行动的装备。

创建一个海军航空队，包括一支机载战斗机中队；一支活动于太平洋上的轰炸机和侦察机中队。[66]

实际上，该文本提供了一个新的视角。当戴高乐将军提到有登陆能力并能够独自行动的"小型海军分舰队"时，他想要加速行使自由法国海军的军事行动独立性。在英吉利海峡增强海军力量并在地中海组建一支部队，明显可以将战线拉近到法国的沦陷地区。他坚持使用海军陆战队，因为陆战队可以参加陆上战斗，特别是在利比亚的战斗。在名为"法兰西岛兵团"的第 340 中队正式成立几个月后，一支海军航空队也被计划组建，包括一些水兵：4名飞行员和大约50名机械师。[67]

最终，与英国皇家海军在舰队护航的合作须精简到一些护卫舰和"一两艘"潜艇，因为一艘新潜艇"朱诺"号已经重新装备，自1941年12月以来，它一直在大西洋东海岸的布雷斯特对抗德国舰艇。但米塞利埃认为，自由法国海军必须要与盟国一起参与战争中的重大战略战役，绝不能仅仅用来维护自由法国的政权，更不能用来对抗维希政府。在形式上，他收到的命令是"接管"自由法国海军。受最近的军功鼓舞，他决定再次正面反对。在1942年3月3日民族委员会的会议上，他提出了自己的观点。

在他的叙述中，他首先描述了圣皮埃尔和密克隆岛行动的军事表现。戴高乐将军似乎对总结感到满意，并附和道："这是一项完美的任务。先生们，你们知道，尽管我们的盟友提出了意见，但我下达占领群岛的命令是正确的……"[68]基于此，米塞利埃便更无顾忌。他在戴高乐所引出的外交纷争中发表了自己的看法，强调了自由法国所承担的政治风险，据他所说，英国曾威胁要重新签署1940年所签订的协议。在震惊的委员们面前，他说："在这种情况下，我不再可能继续与委员会进行合作。我向您辞去民族委员会委员的职务。"当天他就提交了辞职信：

讨论中［……］揭示了当前自由法国组织的某些弱点，以及我们的抵抗运动中某些人物以无法接受的手段所进行的错误走向。［……］

在这种情况下，扪心自问，我不愿再为您的政治角逐提供助力［……］。

另一方面，我想指出，自由法国海军将继续像过去一样与我们的盟友并肩作战。您同我们的盟友都对我表示信赖，我个人准备好参加任何军事行动。

对于戴高乐将军来说，海军首长显然是在挑战抵抗运动的权威。这封信再次威胁要分离出自由海军，这让他感到十分震惊。这种方式让他想起了达尔朗和其海军部队的态度。如果第二天早上，戴高乐派保罗·奥尔托利上校尝试与米塞利埃谈判，几个小时后或许后者会顺势结束争端。但让人感到惊讶的是，他接受了米塞利埃的辞职，同时也撤回了他对自由法国海军的指挥权："对我来说，委员会的凝聚力必须优于任何其他考虑。"3月5日，他临时将菲利普·奥博伊诺提升为海军准将，并任命他为民族委员会中的海军委员，并派莫雷接替他登上"凯旋"号任职。当奥博伊诺自太平洋前来履职时，相关工作被暂时代理给勒让迪奥姆将军。最终，戴高乐任命米塞利埃担任后备指挥：30天的假期之后，米塞利埃完全脱离了海军的领导层。

14　实力的较量

米塞利埃无意担任任何其他职位。他对这个决定提出异议。除了他忠诚的参谋部之外，他知道与英国海军部的良好关系是他的主要筹码。他请求迪肯斯海军上将和米凯利斯夫人进行官方干

第四章 一支独立的军事力量

预,后者同某些英国大臣关系密切,以便谴责"某个人的专制统治"。3月6日,美国国务卿安东尼·伊登以私人身份和英国第一海军上将维克多·亚历山大在卡尔顿花园会见戴高乐。英国战时内阁代表政府要求保留米塞利埃担任自由法国海军的负责人。自由法国的领导人接受了这波冲击,但他并不想改变决定。

戴高乐并没有低估海军士兵们对米塞利埃的敬重,也明白自由法国海军内部问题的严重性。他于3月10日在伦敦召集所有自由法国海军的官员到威斯敏斯特宫解释情况并阻止可能发生的分裂。但此时米塞利埃已经出席了会议,并拒绝离开会场。他反对戴高乐将军同自由法国海军参谋部的人员逐个会面。戴高乐则保持冷静地说道:"海军中将,您已经不再有任何军事职责。"米塞利埃回答说:"不,将军,我知道有些军官太激动了,我不希望他们中的任何一个人出错。我在这里是唯一的责任人,如果有人必须去伦敦塔,那就是我。"戴高乐并没有参与这场可能发生的激烈争论,而是当场离开。第二天,他通知英国政府,他要对米塞利埃处以30天的监禁处罚,并要求英国警方根据"就此问题所达成的协议"[69]进行干预。此事件使英国政府乃至英国议会产生了严重分歧。丘吉尔决定不监禁米塞利埃,首先因为他的人身保护令依旧生效,其次是因为英国皇家海军不会驱逐一名特权合作者。但为了平息事件,米塞利埃被要求离开伦敦。他接受离开,并于3月13日在牛津附近的瑞克特公园与米凯利斯夫人会面。戴高乐得知英国拒绝监禁米塞利埃,也软化了他的立场,并任命盖拉尔上校担任自由法国海军的代理指挥官。第二天,即3月14日,在这位海军中将返回伦敦时,戴高乐要求他离开,

164

· 125 ·

海上的抵抗：自由法国海军史

但这一次只是通过一封简单信件而没有任何正式命令。

这一次，米塞利埃服从命令并回到了他在伊灵的家。戴高乐收到了几封官员的辞职信，他们已经获知此事。在圣皮埃尔和密克隆群岛，萨瓦里和维勒福斯也警告说，如果米塞利埃被迫辞退，他们也希望被解除职务。甚至来自太平洋的奥博伊诺也写信说，他在危机结束之前，拒绝被任命为海军准将。德阿根利厄也后悔距离太远，无法进行干预以平息此事件。米塞利埃在收到了这些热切的支持后重获希望，因为除了他的亲信正在进行干预，英国方面也在争取：英国皇家海军向下议院和英国政府强调，米塞利埃的离开将导致自由法国海军的解散，危及美国舰队和英吉利海峡的安全，并使英国丧失真正的支援。外交领域又回到了收复圣皮埃尔和密克隆群岛时的情景，众人都在强调难于遏制戴高乐将军。工党指明他的专制倾向趋于严重。戴高乐的宿敌、自由法国反对方的拥护者和其政治上的对手都聚集在一起，形成了一个集团。

实力较量已经开始，但米塞利埃尚未意识到，刚刚建立的局面虽然使戴高乐忧虑，但同时也激励了他：挑战自由法国的权威和主权，等于挑起他身上最有优势的资源和最美好的形象。戴高乐将军并没有走向谈判，而是通过直接以自由法国的消失来回应解散自由法国海军的威胁。几天前，他曾写信给安东尼·伊登，并解释说，他只将作为一个独立主权运动的领导者视为自己的使命：

自由法国的成员认为，他们与英国人一起为同一目标斗

· 第四章 一支独立的军事力量 ·

争,这意味着他们应该被视为盟友[……]。否则,戴高乐将军和民族委员会停止为一项不可能完成的任务而做出的奋斗。

在等待回复期间,没有任何更大的事件需要解决。因为事件已经变成了一场无法控制的外交转捩点。戴高乐知道,英国方面还未做出决定,他们会选择最有效的解决方案以应对战争的后续进展。3月18日,戴高乐隐退到乡下,在失意之时拿起笔,向普列文、迪特尔姆和库莱这三位亲信写下了一份"政治遗嘱"[70],命令他们在最坏的情况下"通知法国人民":

> 如果我被迫放弃我所从事的事业,法兰西人民必须要知道原因。
>
> 我想让法国继续与侵略者作战。目前,只有在英方的支持下才有可能做到这一点。但这只有在独立和尊重的基础之上才能展开一切构想。然而,英国政府对米塞利埃事件的粗暴干预,令人无法容忍且十分荒谬……
>
> 法兰西已经明白我以何种途径、以何种方式为她服务。她会明白,如果我停下来,那是因为我对她的责任迫使我无法走得更远。她也会因此选择她的路。人们会走过这条路,法国会继续前行。[71]

第二天,米塞利埃决定打出他的最后一张牌,召集自由法国海军进行总罢工。各路使者前往自由法国的总部表达各方看法。

海上的抵抗：自由法国海军史

但在与他最密切和忠诚的亲信们一起组织这场行动时，他们显然高估了水兵的承诺，水兵们认为他们的首要角色是战斗，而不是介入领导人之间的纷争。两位年轻的准尉莫里斯·吉雷和弗朗索瓦·弗洛伊克服役于"粉百合"号，他们说道："我们每天都心甘情愿地在一位最高领袖的领导下进行作战。因此没有必要做出无法实现我们目标的改变。"至于其他护卫舰上，同样抱此看法。事实上，即使一些军官，尤其是在伦敦的军官"解甲归田"后，整个舰队依旧会在支持自由法国在戴高乐将军的指挥下进行行动。

正在观望的英国方面在几个小时后发现已经无法庇护米塞利埃，他们也不会改变自由法国内部人士的意见。原则上，迄今为止都十分宽厚的英国战时内阁明白，通过此次这位海军中将企图煽动叛乱，可以看出他可能会变得无法控制；英国海军部也对这种违反传统道义的做法感到失望。[72] 最后，尽管丘吉尔与戴高乐之间的关系反复无常，但彼此还是重新建立了信任关系，以防扰乱自由法国的整个抵抗运动。丘吉尔在3月23日下令通知自由法国的领导人，英国政府不会干预他辞退米塞利埃的决定。米塞利埃输了。

得到消息之后，米塞利埃离开伦敦前往伊灵，并说他"在自由法国的使命结束了"。几天后，他拒绝了黎凡特地区的任务，然后拒绝了自由法国海军的监察总长一职。十分罕见的是，戴高乐将军无视了他之前所受到的不敬，试图挽留这位有名誉的人，挽留这位受盟军尊重并钦佩的海军创立者，但最终没有成功。他之后曾在他的《战争回忆录》中这样描述米塞利埃：

第四章 一支独立的军事力量

海军中将似乎具有双重人格。作为一名水兵,他表现出了值得高度重视的价值,很大程度上我方小型海军部队的组织都归功于他。但他不时受外界所扰,并促使他开始钩心斗角。[73]

这位海军中将的一些亲信请辞并最终离开了抵抗运动,包括维勒福斯、莫雷和自由法国海军二局的负责人莱昂内尔·贝丁少校。几周之后,米塞利埃在写给英国海军大臣的一封信中表示希望为英国政府提供服务。该提议被发送到唐宁街,但很快被拒绝,以避免由此同戴高乐将军产生冲突。另外,如果戴高乐将军经受住考验并在抵抗运动中获得了新的权威,那么盟军是否对其承认也变得毫无意义。自由法国并未被告知将于1942年5月进行"铁甲舰"行动,即远征马达加斯加。在安奇拉纳纳市前方的信使湾,英国及其联邦的强大舰队,在此对战受日本海军协助的维希部队。为了避免马达加斯加受到戴高乐方面控制,并为印度洋上的盟军建立一个新的补给站,该岛从维希政府手中接管后,由成立不久的联合国进行管理。联合国由几个同轴心国交战的国家于1月1日在华盛顿成立。自由法国必须一次又一次地展示他的军事力量,才能继续坚守,赢得尊敬。

第五章 所有战线展开战斗

1 奥博伊诺指挥官

海军中将米塞利埃的离职标志着自由法国海军的管理进入了一个新阶段。除了对海军参谋部的人员进行大力更换外，还决定建立一个新组织来改善海军的运作，并以集中领导的方式对其进行管理。菲利普·奥博伊诺最终被任命为海军准将，担任作战负责人。此人自战争开始以来的表现获得了水兵们的尊重。他于1940年7月曾在亚历山大港参与协商谈判，并避免了一次激战。他指挥作战一向十分严格，并受到"凯旋"号上水兵的爱戴。在收复圣皮埃尔和密克隆群岛的行动中，他与加拿大方面的谈判取得了丰硕成果。几周之后，他谦逊地向米塞利埃表示支持，并且不滥用自己的权力。德·拉米纳将军称他为"自由法国人中最自然、最纯洁、最崇高的人之一"。自他就任海军委员后，就开始对世界各地的自由法国海军基地和舰艇进行巡察。

毋庸置疑，商船队已经成为自由法国一项非常重要的经济来源，它脱离了自由法国海军的直属管理，正式隶属于勒内·普列文所领导的经济与财务总署。在积极活跃而雄心勃勃地完成了其工作之后，雅克·宾根在几个月前离开了舰队管理部门，加入了特勤局。除了贸易，商船队还会在必要时毫不犹豫地参与紧急的军事行动。"菲利克斯·鲁塞尔"号货轮于1942年2月参与了从新加坡撤离英国妇女和儿童的行动。还有几艘货轮被鱼雷击中或在海上失踪，例如在冰岛失事的"格拉沃利讷"号，以及"朱尔朱拉"号和"巴兹岛"号，但也有一些被维希当局所俘获，如"福米尼"号。[1]对于自由海军来说，战斗仍在继续。1942年，一条新的海洋战线展现在自由法国海军面前。

2 "粉百合"号护卫俄罗斯航线

1941年，当希特勒发动"巴巴罗萨"行动，力图将东欧置于德意志的统治之下时，苏联还没有做好准备。它的军工产业难以生产足够的军备供应，军队在经历了反复的清洗过后，指挥能力也日趋薄弱，并且兵力分散在全国各地。在纳粹德国使用的恩尼格玛密码机被破译后，盟军曾经警告过斯大林，但他并不相信他与纳粹的协议行将破裂。面对德军的挑衅，苏联艰难地应对着他们粗暴而有力的进攻。从夏季开始，苏联呼吁英国和仍然保持中立的美国为其提供物质援助。盟军的海军按照之前的航线来运输坦克、卡车和炮弹,以支援东部战线的军队。共有三条路线:第一条穿过太平洋到达符拉迪沃斯托克,在 12 月因日本参战而被迫切断;第二条通过伊朗、里海和周围的社会主义国家;第三条通过芬兰东部的阿尔汉格尔斯克和摩尔曼斯克,并穿越北极。[2]

英国因此改变了其海军战略,首支船队于 1941 年 9 月 28 日从冰岛出发前往阿尔汉格尔斯克,随行的是"萨福克"号巡洋舰和两艘驱逐舰。以上船舰均顺利出航。与此同时,英国军需部的比弗布鲁克勋爵和罗斯福的特使哈里曼在莫斯科签署了关于定期货物运输的协议。起初,船队的行动是每十天一次,然而英国皇家海军已经预估到,当运送频率超过了每四十天一次时便不能保证完备的护航。但此时德军距离莫斯科就只有几十公里了,绝对有必要运输必需的物资让苏联部队坚持下去。

在首次航运之后,困难就开始了。虽然北极航线是三条航线中最短的,但航行到 1600 海里到 2000 海里之间时,冰层和日光随着季节的更迭而变化极大。在该地区有着极大的低气压,致使海面变得十分汹涌。船舰释放的水汽也是一个大问题:它会立即凝结成冰使大炮无法使用,还会增加船舰上部的重量使其更容易倾覆。1942 年 3 月,在一场巨大的风暴中,PQ – 13 护航编队被冲散,一些船舰被推离了 200 多英里。[3] 永无止境的冬夜使航行变得十分困难,而随后无尽的白昼又使船舰暴露在德国的空袭之中。希特勒之前已经向挪威派遣了几架鱼雷轰炸机,此外还部署了一些 U 型潜艇以及几艘驱逐舰,这些驱逐舰在 4 月击沉了

"爱丁堡"号和"特立尼达"号巡洋舰。许多货轮被冰层损坏，迫使其必须掉头，也有许多货轮被鱼雷击沉。

从奥博伊诺开始履职起，戴高乐将军就建议自由法国海军参与这次困难重重的护航活动。对他来说，让苏联注意到法国海军参与了对他们的补给，这一点十分重要。由于米塞利埃事件，以及同英国当局之间的博弈，戴高乐将军意于寻求"俄国人"的政治支持，相应地平衡自由法国对英国的依赖。为了接近斯大林，他还决定派遣一支战斗机中队来对抗德国的进攻，该队由十分杰出的飞行员组成，而后被命名为"诺曼底-涅曼"中队。6月6日，戴高乐甚至询问苏联大使亚历山大·博戈莫洛夫，如果他与英国之间出现了无法解决的政治问题，苏联是否愿意接受自由法国。[4]考虑到船员关系、近期装备情况以及指挥官安德烈·贝格莱特的个人素养，"粉百合"号护卫舰被选中参与到两个极具有战略意义的舰队中进行护航工作，即PQ-16护航编队和QP-13护航编队，负责护卫往返冰岛和俄罗斯之间的航程，停靠在阿尔汉格尔斯克和摩尔曼斯克。在极困难的冬季护航之后，盟军考虑以另辟蹊径的方式对苏联进行补给，因积压货物过多，故而尝试进行一项新计划。

"粉百合"号护卫舰驶入了冰岛的塞迪斯峡湾锚地，然后于5月22日驶离，并加入了由34艘货船组成的船队，其中包括22艘美国货船、8艘英国货船和4艘俄罗斯货船。这是有史以来对苏联的最大货物运输量。5月24日，船队共组编成九支纵队，并由五艘驱逐舰、四艘轻型护卫舰、三艘救援型拖网渔船和一艘护卫舰护航。纵队的中央还安排了一艘专门用于防空作战的船舰，另外还有两艘潜艇随时准备应对德国的驱逐舰。最后安排了一架豪客飓风战斗机停靠在一艘货船的起飞弹射器上：它可以起飞，但起飞后它的飞行员将不得不跳伞进入冰冻的水域以重新返回船队。5月25日，英国本土舰队的四艘巡洋舰也加入了这支绵延140多平方公里的船队中。

法方的护卫舰集中在船队的右侧，也就是面对攻击的一侧。同样在5月25日这一天，一架德军的水上飞机悄悄发现船队和它的航线，并于当晚7时发动了第一次袭击。亨克尔He–111中型轰炸机组成的轰炸机小队直接飞至"粉百合"号，后者进行反击，发动105毫米口径的重炮和乒乓炮，同时还需要躲避敌方两颗已经发射的鱼雷。晚上9时，一批容克斯Ju–88型轰炸机抵达，战机绕行一大圈，以扰乱护航队的炮击。豪客飓风战斗机弹射起飞，敏捷而迅速，在被击中之前击落了三架德军轰炸机。飞行员身受重伤，而后被救助。一艘货轮被击中，但未沉没；此时尚未远离冰岛，于是船队随即返航。但是喘息只是暂时的：从第二天5月26日起，U型潜艇开始行动，并发射鱼雷击中第一艘货轮，随即德军战斗机进入战场，击沉三艘货轮：德军从四面八方展开围剿，除了5月28日大雾环绕的几个小时以外，"粉百合"号上的船组人员在接下来的五天内都没有离开战斗岗位。法军同战斗机展开作战，同时还要设法保护货轮，它在"乔利埃特市"号马上沉没前解救了船员，并朝"老布尔什维克"号进行喷水救火，经过了数小时后终于扑灭了船上的大火。[6]德军的骚扰战获得成功，共计七艘货船沉没。但同样，盟军的防空高射炮也奋勇击退了许多潜艇和轰炸机。终于在5月30日结束之时，苏军战机接应战局并解除了空中警报；前往摩尔曼斯克的船队平静地驶入安全水域。傍晚时分，一名俄罗斯军官掌舵，引领船队前往比耶洛·卡尼马耶特附近的锚地。

水兵们对涉足俄罗斯的土地感到十分好奇。苏联是一个巨大的未知国度，在文化和政治上都令人着迷。指挥官贝格莱特和他下属的年轻军官们都毫不掩饰对苏维埃体制的兴趣，并寻求更多地了解。由于此次航行伤亡惨重，领航员受到强烈质疑，而船员们也很快意识到他完全在按照官方宣传的话语方式来回答质疑。他首先拒绝相信船队所遭受的损失，否认敌人有如此强大的破坏能力。他向船上的幸存者陈述了自己的观点并辩解称，船队的所有装备"仅能在东部战线防御一天时间"。几天后，"粉百合"号驶入河道中，两班船员游览了这座城市，可惜此时是春季，四处泥泞，并无美景。而后护卫舰便停泊在科拉河口。因为其弹药必须要由一艘鱼雷艇专门运送，于是鱼雷艇独自离开，往返于此地和英国，所以"粉百合"号预计要到6月底才能返航。船员们也没有忘记作战，德军在远处进行了几次空袭。船员们除在此处休整外，还为两岸的农民提供帮助。一些船员在他们的窗户上摆放白色的天竺葵，以向沙皇和"神圣的俄罗斯"致敬。[7]似乎要把自己交付给这个国度，沉湎于此处的所有矛盾之中。

然后便是归程。载上炮弹和粮食，驯鹿的鲜肉；舰队从6月27日起进行整编，摩尔曼斯克的军舰同阿尔汉格尔斯克的军舰重整旗鼓。15艘舰艇护航的包括35艘空载货船的船队并未激起德国空军和潜艇的兴趣。7月2日，该船队遇见了沿相反路线行驶的PQ-17护航编队，后者正承受着U型潜艇和德国空军的不

海上的抵抗：自由法国海军史

断攻击。受攻击的舰队位于更北的位置，比返航舰队离海岸更远。因为 PQ–16 护航编队取得了相对的成功，这增加了盟军的海军部对北线运输可行性的信心。在此之后，PQ–17 护航编队却遭受了可怕的袭击，并在袭击时做出了一系列的错误决定。事后看来，其中最错误的决定便是下令船队分散开来。在 34 艘货轮和两艘油轮之中，有 23 艘在这场冲突中沉没，这可以说是最严重的海上灾难之一。

无法偏离航线的 PQ–17 护航编队继续前行。7 月 4 日，舰队一分为二，第一小队的目的地是苏格兰；第二小队由 16 艘货轮组成，则要穿过丹麦海峡，取道冰岛南面的大西洋海域抵达美国。"粉百合"号属于后者的一份子。有一天，整日的大雾使得无法确定方位，雷达也无法使用。舰队的领航货轮"尼日尔"号下令船队改变航向，因为它自认为认出了一个岸边的助航标志。7 月 5 日傍晚伊始，可怕的情景出现了：水雷开始爆炸。"尼日尔"号很快便沉没了。所有的船舰都被其错误所拖累：在前一天它怀疑是陆地的位置实际上是一座冰山。船队立刻调整航向，但仍有 6 艘商船被击中沉没。所见之处满目疮痍，船体支离破碎，黏稠的燃油遍布于沉寂的海面之上。"粉百合"号通过悬挂抓钩部署救生网，一个接一个地搜寻幸存者。直到凌晨一时，才设法找到了漂流中的生还者，将他们营救上来，安置到船上的医疗室或到机房暖身。当没有找到更多幸存者的希望时，搜救停止，共计 179 人获救。这艘护卫舰以 16 节的最高航速驶向雷克雅未克，并于 7 月 6 日下午靠岸，救护车已经在港口等候。

这场悲剧过后，经统计共有 211 名幸存者：其中绝大多数人的获救皆归功于自由法国海军所派出的船舰。"粉百合"号被授予海军勋章,其指挥官贝格莱特被授予荣誉军团勋章、英国杰出服役十字勋章,他也是第一位获得美国勋章的盟军军官。在抵达冰岛后的第二天,这艘船启程前往大西洋,继续其护航任务。直至战争结束,各类物资通过各路航线千方百计地运往苏联,共计1.2万辆坦克、1.2万架飞机、37.6万辆卡车、3.5万辆摩托车、51.2万辆吉普车、5000门反坦克炮、35万吨炸药、大量食物和各种装备,以及难以置信的4.73亿枚炮弹。[8]运输中的损失可达到8%,而在大西洋海域此数据仅为0.5%,考虑到航运的次数,这一成绩是引人瞩目的。

3 遭鱼雷袭击的"金合欢"号和自由法国海军最后的护卫舰

纸面上的统计数据无法传达此中的危险重重,非身临其境不能感同身受。像"粉百合"号这样的壮举实属罕见,因为每次遭受鱼雷攻击后,天气和海况往往都会使船员们葬身于此,大部分情况下他们的船舰都会在几分钟内沉没。这就是受指挥官比罗领导的"金合欢"号在6月9日的遭遇。在参与圣皮埃尔和密克隆的收复行动后,这艘护卫舰重启了在大西洋海域的护航行动,在海洋行进中受到了德国U型潜艇的鱼雷攻击,此时它的确切位置是在纽芬兰与爱尔兰之间的ONS-100护航编队中。在船上的69人中,仅有4人获救生还。

海上的抵抗：自由法国海军史

对于在大西洋海战中付出惨重代价的九艘护卫舰来说，这是继"庭荠"号之后的又一次损失。在 1942 这一年，德国海军继续编组更新，以应对美国加入战争，通过使用 IX 型远洋 U 型潜艇进行长途奔袭，攻击范围可远至佛罗里达州或弗吉尼亚州的海岸，此行动即为毁灭性的"击鼓"行动。这些潜艇被安置在布雷斯特、洛里昂（克罗曼基地）、圣纳泽尔、拉罗谢尔（帕利斯基地）和波尔多，它们互相配合得十分完美，像棋子一样精心排布在大西洋这棋盘之上。一个由德军西部潜艇战区所掌管的指挥中心首先在巴黎建立，然后于 1943 年转移至昂热的皮内罗尔城堡，并在那里建造了许多潜艇指挥塔。指挥中心负责下达命令，集中管理对于盟军舰队的攻击以及对于德军舰队的保护行动。1943 年初，邓尼茨海军上将成为德国海军最高司令，这证明了潜艇在德国海上战略中的重要地位。

因此，整个大西洋都陷入战火，包括在南大西洋沿着非洲海岸航行的英联邦舰队也受到威胁。最后仅存的三艘护卫舰，包括"德特罗亚指挥官"号、为纪念"独角鲸"号而以其指挥官命名的"德罗古指挥官"号以及"德蒂安纳·多尔韦指挥官"号，都基本上被派遣到南大西洋的护航活动中，通常以弗里敦为基地。在热带低纬度地区，生活并不比北大西洋更舒适。护卫舰上仍然同样潮湿，而且铁质甲板吸收了更多的热量，将船舱变成了一个培养皿，易于所有传染病传播，其温度经常徘徊在 50 摄氏度左右。从非洲战场归来的"德罗古指挥官"号上先前编组的船员中只剩下 19 人，据统计，有 98 人因肺结核、疟疾、痢疾和其他疾病进入医院治疗。[9]

4 比尔哈凯姆荣耀下的
海军陆战队第一营

在陆地上，占领了大马士革和黎凡特地区之后，攻势仍在继续。海军陆战营的首要任务是保证贝鲁特的安全，以控制维希军队自此处前往法国，并通过吸纳改变立场而加入自由法国的士兵来充实队伍。该部队随后配备了博福斯式高射炮并负责保卫黎巴嫩海岸的港口。从1942年起，海军陆战队终于纳入了柯尼格将军所领导的自由法国第一旅，后者仿照了先前的自由法国轻装师组建。柯尼格的所有部队都将与在利比亚沙漠中战斗的英国第八集团军并肩作战。与此相对，德国装甲师也并入了刚刚割让完昔兰尼加地区的意大利军队。强大的德意志非洲军团增强了自己的力量，以杰出的隆美尔将军为首向埃及进军。

战斗即将在5月打响。月底，希特勒和墨索里尼的军队发动进攻，以最快的速度向东推进并收复失地。在前线以南，自由法国第一旅面临着巨大压力，因为在最初的冲突之后，敌人决定穿过位于比尔哈凯姆的要塞以避开一直延伸到地中海沿岸的大块雷区，并设法摆脱法方军队，以免后方被牵制。柯尼格将军用挖掘壕沟的方式来保护人员和设备，并使德军获得最少数量的目标点。地雷分布在要塞周围17公里的半径内。[10]围攻于5月29日开始，历时十几天，在此期间，法军击退了几次大规模进攻并拒绝了隆美尔的投降建议。这是一场令人难以置信的顽强抵抗，此事由战地记者报道并引发了公众的热烈讨论。法军在 6 月 10 日至 6 月 11 日之间组织了夜间撤离,军队英勇地冲开了包围圈。德军和意军的死亡人数超过 3000 人,而法军则为 100 余人。海军陆战队摧毁了许多德军非洲兵团车辆,发射了 4.72 万枚自行防空炮炮弹,击落了七架飞机,耗尽了支援装甲部队的德国空军。海军陆战队除各类伤员外,共牺牲了十余人。该行动在次年 10 月为他们赢得了由卡特鲁将军所授予的十字勋章。

法军长期遏制敌人的推进,援助了向东撤退的英军,后者可以在更有利的地区进行对抗。德军继续向阿莱曼前进,但被盟军的抵抗所震惊,自由法国获得了它的首次重大战略成功。当戴高乐将军得知柯尼格将军及其大部分部队都已经成功脱离了敌人的控制范围时,他非同寻常的反应更体现了本次行动之重要:"感谢信使,待其离开之后关上门。我独自一人,啊,激动的心跳,骄傲的抽泣,喜悦的泪水!"[11]

5 法兰西突击部队崭露头角

除了主体部队分别在欧洲和非洲大陆的庞大前线作战以外,盟军的总参谋部也没有忘记特种部队,后者可以在沦陷区进行突袭行动。英国的突击部队成功地在靠近德安提弗角的诺曼底海岸窃取了雷达元件("叮咬"行动,指 1942 年 2 月的布鲁内瓦尔突袭),然后摧毁了圣纳泽尔的修船船坞,此处为可以容纳大型德国驱逐舰"提尔皮茨"号的唯一场所(即 1942 年 3 月的"战车"行动)。受到这些行动成功的启发,自由法国海军军官菲利普·基弗致力组建一支海军陆战队部队,专门从事这些精细的行动。

这位阿尔萨斯籍法国人出生于海地(他的父母来自阿尔萨斯,为躲避德国的吞并于 1870 年逃离),在两次大战之间曾是一名货船上的官员,而后作为银行家定居在纽约。1939 年战争爆发时,他 40 岁。回到法国后,他作为一名志愿者先后加入了陆军和海军,并在那里经历了战争的荒诞无常。停战协议之后,当他试图从诺曼底乘船到达法国西部继续战斗时,他所乘坐的船绕道而行,伪装成前往英国的船只,成功避开了布列塔尼被烧毁的港口。他像其他法国水兵一样被扣留,随后很快就被放出,而后在那里他找到了他的妹妹和未婚妻。他于 7 月 1 日加入自由法国海军。[12]首先担任第二秘书长,然后于 1940 年 8 月 1 日担任译电及翻译局预备役长官。他出任过各种职务,包括"库尔贝"号海军教学基地的英语教师,以及海军中校盖拉尔的联络官。

1941 年 3 月,英国突击部队突袭挪威的罗弗敦群岛,本次"克莱莫尔"行动的成功极大地触动了基弗。大量工厂被摧毁,一些德国军舰被击沉,但突击部队却毫发无伤。英国的民众对这次行动首次胜利充满热情,菲利普·基弗明白,应该赋予自由法国海军类似的力量,不仅会获得新的军事成功,并且"突袭"的胜利会对民众产生十分积极的影响。他参加了一个由英国组织的培训,并于 1941 年 8 月在坎伯利军营实习。由此,他成为一名海军陆战军官。[13]接下来的几个月里,他虽然仍是一名联络官,但更多情况下,他在参与建立一个教导团队,并招募他认为有能力胜任此项计划的水兵。起初，尽管自由法国海军参谋部对这项计划持积极态度，但该团队并未得到任何特殊任务。水兵们报名参加其部队，而后因为更加重要的海军行动而再次离开。最终，在1942年3月23日，上级授权派遣29人常驻英国皇家海军突击部队，其中就包括基弗。法国的突击部队受益于相同的训练，除了作战服外，还获得了相同的装备。不同的是，他们的作战服上印有一个洛林十字，并附两个有着"法兰西"字样的绣带。

新队员及其长官们在接下来的几个月里接受训练，在4月份获得了突击部队培训的结业证书：在英国高地阿克纳卡里的卡梅伦家族领地度过了四个星期。他们一到，负责训练的沃恩上校就让法国士兵行军大约30公里以抵达食堂并用晚餐。在营地入口前，新兵需经过"死于训练"的士兵坟墓。如果坟墓是假的，并只是为了引起注意的话，那么在训练中死去将会变得毫无意义。沃恩上校讲话时引用了统计数据，在训练中会有3%到7%的死亡率。[14]在首次训练之后，还有其他的水兵也陆续加入了该部队，而后增至61人。1942年7月14日，戴高乐将军检阅了该部队。

到8月时，法兰西突击部队的人数超过了80人，组建了英军"第十突击部队"的"第一分队"，并终于开始参与军事行动。法国士兵在最后一刻才被选中作为突击部队队员参加定于8月19日发动的"庆典"行动。在此四天前，基弗得到命令，要派他的15名手下带着装备执行"特殊任务"。[15]在行动长官弗朗西斯·沃克的命令下，他也派遣了其所需的人员。8月17日，被派遣的人员获悉，他们正在参与对迪耶普市及周边地区的大规模袭击。参与此次行动的士兵多达 6100 余人,其中大部分是加拿大人。他们将对海岸炮台发起袭击,以收集有关于大西洋海岸防线设施尽可能多的信息。[16] 法国士兵的任务是建立与当地居民的联络。"庆典"行动必须采取真正的战斗模式,并要完成两个目标:为未来的盟军登陆做准备,及引起德军的注意力以缓解状态不佳的苏军所受到的东线压力。来自英吉利海峡的自由法国海军战斗机也按指令为登陆舰队保驾。出发的几天前,一名伦敦官员对法国士兵们说要为他们提供一些"重要"的东西,他们必须要"像拳击手一样"做好出征准备:在接到命令出发之前要有更多女人和酒精的陪伴。水兵们一想到能回到他们的故土就十分高兴,以欢呼声作为回应并直接前往最近的酒吧,庆祝即将到来的行动。[17]

但是他们和那些按指令登陆的 15 名法兰西突击部队队员一样都十分不幸,整个行动很快就变成了一场灾难。舰队于 8 月 19 日凌晨 4 时 30 分左右抵达诺曼底海岸。登陆艇一抵达,德国海军就袭击并驱散了整支舰队,迫使许多船舰折返。包括自由法国第 340 中队在内的歼击机试图在迪耶普港对敌方施压,但因无法介入战局,最终被命令返回英格兰。[18] 德军的 FLAK 高炮有效地阻碍了盟军计划的空中支援。余下的船舰和满载士兵的登陆艇艰难地到达计划的登陆点,他们一抵达选定的海滩前,毫发无伤的德军炮兵部队就从悬崖顶上攻击并摧毁了远征军。几乎四分之一的加拿大士兵在战斗中丧生,2000 名盟军士兵被俘,这是自美国参战以来盟军最惨痛的失败。至于"第一分队",只有少数人能够在瓦伦格维尔和瓦斯特里瓦尔着陆;突击部队中有两人伤亡。[19]

在第一次悲剧性的交战之后，盟军对大规模行动的效用失去了信心。在基弗的部队中，士兵因被要求不进行任何行动而士气低落；对于总参谋部而言，这些人应优先派遣至法语区执行任务，但目前还未在议程之上。但改变已经开始，在1942年11月12日，海军陆战队第一连被正式命名为海军陆战队第一突击队。自由法国正在努力推广这支部队，并希望它很快可以展开一鸣惊人的行动。约瑟夫·卡塞尔和热尔梅娜·萨博隆对训练营进行了访问报道，并试图将焦点放在突击队员身上。招募又重新开始，对象包括来自黎巴嫩的人员、来自自由法国的其他部门或者前来投奔的青年。基弗上尉相信，法兰西突击部队很快将大放异彩。

6 "朱诺"号和"密涅瓦"号载兵登陆

在其他沦陷区的领土上，数量有限的行动仍然在谨慎地进行中，为维护相关利益，自由法国海军的潜艇也参与其中。此次轮到了"朱诺"号，就像几个月前运送了一名特勤人员的"红宝石"号以及"密涅瓦"号一样，它于1942年9月执行了一项大胆的任务，即运送特勤人员登陆挪威。英国士兵在几次行动中成功地破坏了威莫克水电站，此处对于制造供给给德军的重水来说尤为重要，德军以此用于设计制造原子弹。两个月后，"朱诺"号运送特工登陆挪威，但由于天气恶劣，以及发现一处并未事先标记的德军驻防,行动出师不利。潜艇必须离开并不得不留下协助卸载装备的两名水兵,即海军下士萨拉和海员吉洛。这两名自由法国海军的水兵在接下来的四个月中得到了当地抵抗力量的接应。1943年3月,"朱诺"号在执行救援行动搜救其船员时找回了他们和挪威特勤人员。尽管在这些地区存在着风险和无处不在的恐惧,舰艇需要花费时间进行隐藏并避开敌方的飞机和海军,但盟军士兵们表现得依旧非常出色。在结束众多任务中一项长达三周的任务后,在返航之时,他们的指挥官让-玛丽·奎维尔冷静地对他的副手海军上尉艾蒂安·斯伦贝谢说道:"这些,才叫海军士兵。"后者回答:"是的长官,这是我一生中见过最好的士兵。"[20]至于"红宝石"号,除了在挪威海岸执行先前的任务外,它还开始在大西洋的新海域中布设水雷:1942年7月,它向阿卡雄盆地靠近,以扼守住德军快艇和拖船的出口。

7 隶属盟军的另一支法国舰队诞生

与此同时,在没有通知自由法国的情况下,美国于11月8日发动了"火炬"行动。超过200艘战舰共运载10万人前来占领法国位于北非的殖民地。登陆点的分布自摩洛哥的卡萨布兰卡南部起直至阿尔及尔。法国海军作为显而易见的针对目标,进行了顽强抵抗并损失了很多舰艇。"让-巴特"号战列舰严重受损,347名士兵在战斗中丧生。[21]但事后一切都飞速进展:达尔朗先前与法国抵抗组织进行谈判,这次他在现场接受了盟军的占领。尽

海上的抵抗：自由法国海军史

管维希政府的贝当元帅发出了拒不同意的指令，但他还是于11月10日签署了停火协议，并顺理成章地担任了该地区的负责人，被任命为"法国驻非洲高级委员"。

盟军需要他设法撤离留在法国本土的法军舰队。事实上，当得知盟军登陆时，德国立即实施了先前的计划。之前德军在法国的驻军区域仅在北部和大西洋沿岸，于是军事力量开始向南部渗透。达尔朗要求负责指挥土伦基地的海军上将德·拉博德将船舰撤离至阿尔及利亚。此处共有90艘法国军舰，其中包括大约40几艘战列舰，如"敦刻尔克"号和"斯特拉斯堡"号。德军发起"莱拉"行动来争夺它们。可惜的是，拉博德是同德国建立紧密联盟的推动者之一，所以仍然忠于贝当元帅，完全无视达尔朗的指令。诚然，达尔朗以其纪律严明的精神建立起了他的海军部队，他现在仍旧对此引以为豪。[22]尽管如此，拉博德还是采用了自1940年6月以来一直采取的惯例，即永远不要将军舰完好无损地留给敌人。在土伦被围期间，当德军进入军火库时，他和海军上将马尔其于11月27日凌晨5时15分下令自沉整支舰队。超过25万吨排水量的船舰沉没。在德国空军的炮火下只有五艘舰艇逃脱："卡萨比安卡"号、"格洛里厄"号和"马尔苏安"号，这三艘抵达了阿尔及利亚；"伊利斯"号抵达西班牙以保持中立；而"维纳斯"号则自沉于外海。

由于德军未能接管这支战力，土伦的自沉事件立即获得了盟军的敬意。记者们毫不犹豫地讨论着这场英雄式行为，美国《每日新闻报》直接称其为"法国的荣誉和伟大"，"在土伦港闪耀着新的光彩。这一行动只能激发所有法国人民的自豪感"。丘吉尔在下议院的一次演讲中也对法国的决定表达了敬意。甚至是自由法国,至少在官方层面也为这一行为喝彩:以至于在所有此前选择参战的船舰上,水兵们都对此表示吃惊。作为米塞利埃的亲信,维勒福斯已经离开了自由法国海军,在英国广播公司为自由法国的广播节目工作。他为了挽回荣誉而声称:"不,希特勒先生,'斯特拉斯堡'号战列舰不会在万字旗下参战,即使斯特拉斯堡乃至整个法国依旧是你的猎物。"[23]在这幕戏剧场面中,最满意的或许也是希特勒,他害怕舰艇驶向盟军新占领的区域。在意大利,墨索里尼的女婿齐亚诺伯爵也指出:"对我们来说,这会是一支多年消失于地中海的海军力量。"

在本次事件中,法国海军几乎损失了一半的舰艇,尚未参战的法国海军迫于周围的压力加入了盟军阵营。[24]但自由法国和戴高乐的地位仍然不明确,北非的水兵并没有加入自由法国海军。自由法国和由达尔朗所领导的北非当局之间,事实上形成了一种双头政治。达尔朗最终于12月24日被费尔南·勃尼尔·德·拉夏贝尔暗杀。此次事件源于一个阴谋集团,涉及保皇党以及其他不满达尔朗的态度和投机主义的人。美国支持的吉罗将军接替了他,出任北非行政和军事最高指挥官。在军事层面,此后便有了均带有法国色彩但截然不同的两支部队。至于两支部队的海军,一支必须恢复到战斗秩序中,另一支自1940年以来一直在海上作战并不断取得成功。所有人都知道,二者在不久的将来会再次合作。

此时,如果说自由法国缺席了在地中海区域的行动,他们则在印度洋中获得些许安慰:"猎豹"号驱逐舰在集体自沉的当天独自前往留尼汪岛。清晨四时左右,自称理查德的海军中校雅克·埃文努指挥的船舰安然无恙地驶入了圣但尼港。士兵们占据了城市的主要战略要地。曾任戴高乐将军驻毛里求斯代表的安德烈·卡帕戈里罢免了皮埃尔·奥贝尔,成为总督。城内首先开炮,但"猎豹"号进行了猛烈回击,以两人阵亡为代价平息了所有的争端。几天以后,新政府取得了成效。卡帕戈里对奥贝尔的才智表示钦佩,后者行动迅速并避免了不必要的冲突。[25]

8 英吉利海峡的哥萨克

自由法国海军仍然缺乏大型军舰,但他们已经提前做好了准备,并且知道如何利用任何可以利用的条件。1941年这一年,自由法国海军参谋部除了派遣护卫舰外,还增加了快艇参与英吉利海峡的防御。战前,法国海军就已经发展了快艇项目用于保护海岸线安全,而英国海军部也据此同样新增了此类舰艇,在经过了多次测试后,最终于在1937年启动了计划,建造可发射鱼雷的快艇。德国也开发并落实了"快速汽艇"的概念。在法国,战前就建造了一些快艇,并配备了鱼雷发射器。其中的三艘在"弩炮"行动期间在朴次茅斯被扣押,而后被控制。英国海军部非常欣赏此类舰艇的技术成就和优异性能,[26]并在战略层面决定在英吉利海峡中使用。

但到目前为止,还没有一个英方的相关舰队做好准备。自由法国海军首先接收了四艘机动艇,每艘长40米,重70吨,速度约为 20 节，配备一门欧瑞康高射炮和几挺机枪。1941 年 8 月 15 日，这些快艇受洗于牧师奥尔弗-盖拉德，被分配到加莱海峡护航队并配备了英国皇家海军的水兵。在此处，它们与重新武装的法国猎潜艇混编在一起。由于四艘新型船只的加入，战力变强，整体编列成第 20 机动艇舰队，总部设在波特兰，而后又转移至位于多塞特的韦茅斯。这些快艇的名字让他们想起了近在咫尺的家园："韦桑岛"号、"桑岛"号、"莫莱恩岛"号、"圣罗南"号……该舰队有大约 20 名年轻军官，他们毕业于"西奥多·蒂西尔总统"号上的自由法国海军培训基地，或是英国皇家达特茅斯学院。[27]与其他自由法国海军的部队一样，其人员构成也很丰富，有来自叙利亚、马达加斯加的水兵，还有一些则来自非洲。该部队由海军少校雅克林·德·拉波特·德沃指挥。作为"多米内指挥官"号扫雷舰的前指挥官，他在"威吓"行动时曾率队远赴非洲，他的个性在自由法国内部也独树一帜。1940 年 6 月，当他的船舰在敦刻尔克的岸边沉没时，他在船员面前唱起了《为祖国而亡》，赢得了勇敢而懵懂感性的战士们的尊敬。在伦敦，他的行为也使自己人尽皆知。在一次豪华的招待会上，他在鱼缸里抓了一条金鱼把它放在两片面包之间，以"好的基督徒，周五须食素"为借口，把它活生生地吃了。自从归附之后，他便成为米塞利埃的亲信。十分滑稽的是，米塞利埃要求他修剪胡子，二人就此而争吵起来。他所到之处，轶事层出不穷，那些与他有过接触的人，都对这位履历辉煌的人物抱有好感。[28]

尽管已经成功服役，机动艇很快就显示出在攻击行动中的局限性，速度过低，尤其是它们无法装备鱼雷，而鱼雷是对德国舰

海上的抵抗：自由法国海军史

艇造成实质破坏所必需的设施。在营救英国皇家空军飞行员的行动中，机动艇的表现证明了其功效，但它的武装力量太弱，无法直接应对德军快艇队和德国空军的袭击。因为与自由法国海军中猎潜艇的作用重叠很明显，机动艇被使用了 12 个月，直至 1942 年 8 月时被返还给英国皇家海军。在此期间，海军士兵们也刻苦训练，船上的士兵和陆地上的哨所之间已经可以进行真正的协同作战。一切准备就绪：是时候配备更好的作战装备了。

英军总参谋部意识到了利用法国士兵攻击法国海岸的优势，开始认真对待自由法国海军的新需求。英吉利海峡是最适合缓解德国南北往来交通繁密的区域，航线自意大利出发，绕过法国南部，然后北上西班牙、葡萄牙和比斯开湾，最后通过北海到达挪威。[29] 这些船队会尽可能多地沿布列塔尼和诺曼底海岸经过，船员们明白这些敏感的水域弥足珍贵。对于自由法国海军来说，他们并未产生攻击法国船只抑或是攻击港口设施的想法：虽然他们的作战欲望强烈，但目前他们并未将海峡对岸视为"敌人"。[30] 他们任务的正式命令如下："在法国海岸进行攻击性巡逻。"

交付八艘沃斯珀-80型鱼雷艇的协议被通过，这些快艇为英国皇家海军于 1940 年至 1941 年间所计划订购，共计划生产 177 艘，分别在英美两国制造。涉及法方的产品分别在不同地点的私人船坞生产制造，包括贝尔法斯特、克莱德附近甚至朴次茅斯。这些新装备与之前的机动艇毫不相同，长度为 21 米，满载重量为 55 吨，配备了三台帕卡-V12型发动机，每台有 1200 马力。舱内携有两枚 1400 公斤的鱼雷，鱼雷略微向前倾斜，并带有一个双炮塔机枪，侧面带有两个小型机枪，并携有一个欧瑞康防空炮，一些轻型火箭发射器，以及两枚200公斤的深水炸弹。行动范围可以满足海峡内的军事行动，最高速度可以达到42节。鱼雷艇的效率很高，但也很脆弱，第一批执行任务返回的英军部队反馈其使用条件也需要很高要求。对于一个鱼雷艇小队来说，需要每个月更换五到六台发动机（每次更换需数十小时）。木质部分船体需要大量的日常护理和定期干燥，以便于更换船板整体，所有的这些还没有算上执行任务中或敌人袭击时所造成的损坏。其性能也决定了消耗量：六艘快艇穿越海峡的夜间行动需要3万—5万升纯汽油，这是在当时非常珍贵的能源。[31]

因此，自由法国海军对这支小型舰队的财力投入十分巨大。此外还有人力的投入：配备有25名军官和190名人员，其中的一半人员在船上任职，其余人员则提供操作和技术支持。1942年11月11日，"鱼雷艇第23舰队"在接收第一艘鱼雷艇后正式成立。"贝尔福"号护卫舰成为该舰队的基地，这是一艘于1940年7月所缴获的法国船舰。直到12月5日，舰队共计八艘鱼雷艇。这些鱼雷艇被委任给以前指挥过机动艇的年轻军官们：包括海军上尉拉格西（MTB-98号鱼雷艇）和波西（MTB-96号鱼雷艇）、军需官亚伯拉罕（MTB-239号鱼雷艇）、海军少尉库尔图瓦（MTB-90号鱼雷艇）、海军准尉比高·德·卡扎诺夫（MTB-227号鱼雷艇）、杜埃（MTB-91号鱼雷艇）和洛朗（MTB-92号鱼雷艇）。在MTB-96号鱼雷艇上，二副是菲利普·戴高乐，同样来自机动艇舰队。指挥官拉波特·德沃少校终于乘坐"凯旋"号出发，该舰由直接从参谋部派遣来的默尔维

海上的抵抗：自由法国海军史

尔少校指挥，他在此舰队任队长。

在船上和陆地上服役的海军士兵组成了一个十分紧密的团队，他们渴望战斗，但他们首先应该熟悉这类快艇，因为它与之前的任何一艘快艇在设计上都大不相同。此外，执勤人员的人数非常少，只有作为大副助手的两名军官、一名舵手、两名炮手、一名鱼雷兵、两名雷达操作员、两名无线电员和三名机械师。还有一名英方的联络官负责所有快艇。训练课程在韦茅斯开展，以便使士兵熟悉快艇，他们要以保持高达 35 节的速度密集编队，固定间距保持在 25 米，而后需在整夜或整日中，测试对空射击或对靶射击，以及测试发烟器。水兵们最终学会了搜寻敌舰，然后发射鱼雷对其展开攻击。这些装置需用火药引燃发射，理论上有效射程为 800 米，但更精准的射击需在距离敌舰 400 米或更近的地方进行。因为相关行动几乎只在夜间进行，所以飞行员和炮手有时会戴着遮光镜进行训练。六个月的暂别过后，舰队队员们都十分渴望重返战场。舰队在达特茅斯基地的舒适生活也使水兵们的士气大增。

可以享有陆上良好的住宿和生活条件，第 23 舰队的水兵们知道他们十分幸运。军官们住在一个"老式"但温暖的旅馆里，级别较低的人员则住在布鲁克山的大别墅里。这个地方热情、美丽、宁静，村民们尽其所能地帮助法国士兵。休假期间，每个人都会去附近的托基镇放松身心。另外还有英国皇家海军女子勤务队（WREN）[32]，其法语发音刚好与"女王"同音，是英国皇家海军的女性勤务人员。多琳、玛乔丽、勃朗黛以及其他工作人员处理了大量有关于士兵的事务，这些都历历在目，士兵们同她们

第五章 所有战线展开战斗

的相处十分愉快。有了她们，士兵的工作和生活都毫无后顾之忧。她们在早上 7 时 20 分（"不变的英国海军时间"[33]）唤醒海军士兵，准备饭菜和茶。她们在码头负责停泊船只，并在技术部门和港务部门发挥了重要的管理作用。她们经常以鲜花装饰房间，据说比起英国士兵，她们更加偏爱法国士兵。但与前者的相处中，气氛也很温馨。舰队之间的相互竞争也暗自产生，包括配备了机动炮艇的第 1 舰队，配备重型快艇的第 52 舰队，最后是加拿大士兵所组成的第 65 舰队。斯特拉特中将负责指挥基地，他的工作风格高效而热情。

训练顺利完成后，在 1943 年 3 月 6 日他们收到了第一条出航命令。正午过后，斯特拉特通知指挥官默尔维尔："四艘鱼雷艇将于今晚启航，祝你们好运。"而后，鱼雷艇开展了一系列象征首次出征的仪式：做好启航准备、逐条研究任务、检查所有的机器和武器，最后是制服。下午晚些时候，当一切都在有序进行时，指挥官向所有鱼雷艇轻轻挥手，所有的马达一起启动。鱼雷艇震动着水面，涟漪四起。而后便向外海航行，几下操作之后，排气入水，继而加速，前部浮升而行。炮手向水中开火，测试所有的机枪和曳光弹是否有效。速度稳定后，鱼雷艇采用倒 V 形编队，在夜幕降临时，便开始向法国方向奔驰。抵达海岸附近后，舰队在数小时内都在等待猎物。在第一次的出击中，尽管有相关情报提供，但没有发生战斗，也没有发现敌人的踪迹。经过一夜的警戒，舰队在清晨返回达特。真正执行任务的兴奋程度是在训练时完全无法体会的，他们重返海上，第一次接近了法国的海岸。

四天之后，又得到了新的出航命令：MTB－94号和MTB－96号鱼雷艇须隐藏在佩罗斯-吉雷克以北2英里至3英里的塞普特群岛，等候敌方的货船经过。他们出发了。几个小时的警戒之后，目标出现在距离不远的位置，旁边有一艘护卫舰进行护航。行动计划立即展开。MTB－96号加速驶向护卫舰，然后用机枪开火。两艘德军舰艇一起反击，但并未能依照经行的航速调整好射击方向。MTB－96号牵制和集中吸引敌军火力，趁此机会让MTB－94号有足够的时间慢慢接近敌军后方并发射两枚鱼雷。突然之间，德军的炮口转向之前并未暴露的MTB－94号鱼雷艇并进行攻击，后者迅速加速拉开距离。尽管有猛烈的射击和曳光弹的照明，MTB－94号依旧成功逃离。此时，货船上传来了两声剧烈的爆炸声：两颗鱼雷命中目标，载有数千吨商品的货船停顿片刻后自前部迅速下沉。[34]法国的水兵们继续加速离开现场，然后放慢脚步返回基地，品味着这第一场已成定局的胜利。尽管鱼雷艇遭到了多次撞击，但都没有受到严重的损坏，也没有人员受伤。

在接下来的几周里，舰队开始了规律性的行动。除了前一次任务之外，其他类型的任务有时也委托给舰队。1943年4月16日，总参谋部派遣出几艘快艇，寻找在韦桑岛附近海域中被击落的英国飞行员。十分惊喜的是，他随即便被发现并获救。[35]舰队成员也开始接触海岸上的事务，取代了二局的渔业部门。在第1舰队和几艘装备精良防御能力十分突出炮艇的配合下，一些鱼雷艇也参加了盟军部分航段的护航工作。总体而言，作战开始时进展顺利，舰队十分高效，并给德国船队带来很大压力。但德军很快便开始报复。英国和荷兰的一些机动炮艇也展开了夜间协同合作，当它们在场时会掩护鱼雷艇对船队中"大家伙"的攻击：一些鱼雷会在距离目标的 200 米范围内发射，[36]这使得货轮没有任何可能成功躲避。5 月 5 日，在塞普特群岛附近，他们同一支庞大的德国舰队展开了激烈战斗。他们的护卫能力提高，机枪射击也变得更加精准。这一切都主要归功于鱼雷艇的速度优势，这成了他们强大的武力，也越来越受到敌人的重视。舰队坚持不断地用鱼雷攻击敌方，而遭受的反击也成倍增加。其中一艘鱼雷艇的船体被击中了 73 次。接到撤退指令时，多人已经受伤，其中一人重伤，但奇迹般地无人死亡。

从秋季开始，海上巡逻变得更加艰难。一旦海浪变强，鱼雷艇行驶时的颠簸会使乘坐变得非常不适，并且往往带来更多危险。在船上执行任务时，整夜不能入睡，而身边也只有几块饼干和一罐热汤充饥。尽管经历了多次战斗，也面临过一些困难，舰队的水兵们依旧感到万分荣幸，因为他们体会到别人无法得到的幸福，再一次见到祖国，而这在当时对于所有同法国作战的人来说都是被禁止的。在中午时分的船员休息室内，他们讲述了夜间行动如何展开，靠近的布列塔尼或诺曼底的海岸，看到的灯塔，有时甚至更多：在被雷达发现之前的一天晚上，菲利普·戴高乐少尉一直在离港口非常近的地方监视着瑟堡，他甚至听到了货车在陆地上行驶的声音。[37]在经历一些意外之后，特别有时甚至会遭遇潜艇，焦虑往往会占据上风，但士兵们在每次登船时，都会感受到他们在接近目标时的直观印象，即法国将被解放。

在陆地上，团队的管理也非常出色。八艘船中有六艘长期使用，法国的机械师也为反复无常的机器找到了十分有效的常规标准。[38] 自由法国海军参谋部也对其行政管理大加褒奖。针对这些问题，法国如何利用其财政资源并做好预算方面也很引人注目。英国皇家海军通过授予舰艇的转让权，将自由法国海军纳入它的公共赞助计划。像其他盟军的舰队一样，鱼雷艇舰队的部分资金是由一些志愿捐助的城市帮助提供的。因此，萨福克郡的黑弗里尔市也可以说是 MTB-227 号鱼雷艇的教父。这座城市惊喜地知晓它赞助了一个法国舰队后，对其的好感也节节攀升。市政厅会定期向"收养"的舰艇团队寄送礼包、香烟和各种日常用品。

9　引以为豪的"战士"号

自由法国海军在 1942 年底获得了一艘作战效能一流的新军舰，这是作为他们对战争的全力投入和纪律严谨的一种奖励。这是一艘新型的"狩猎"级驱逐舰，长 86 米，配备的 1.9 万马力的发动机使其速度能达到 28 节，最大航程约 3700 英里，十分适合护航行动。1942 年底，"霍登"号驱逐舰被转移给法方，并在此之后更名为"战士"号。1943 年 2 月 2 日起，它由安德烈·帕图少校指挥。船员们会发现它与通常的护卫舰的装备完全不同。"战士"号有四门 102 毫米口径的火炮、一门机关炮和三门欧瑞康防空炮，并且配有两组深水炸弹和四门迫击炮用于反潜战，最后还有两个鱼雷发射管用于攻击水面上的舰艇。

自 1 月起，该舰的船员们就在托伯莫里开始进行训练，接受了护航行动的培训，然后在 2 月和 3 月转移至斯卡帕湾。3 月 24 日，"战士"号做好了战斗准备，并抵达位于朴次茅斯的基地，此处隶属于英国皇家海军的第一驱逐舰舰队。而后它便开始在德军经常活动的东大西洋和英吉利海峡海域护航。它那优异的速度和战力在法国海岸附近的突袭中得到了充分利用，尤其是在针对德军"快速汽艇"的行动中。5 月 28 日，"战士"号前往一处危险海域，此处有三架英国水上飞机因损坏而不得不降落在这里。这艘船舰完美地完成了任务，营救了全部成员并通过拖拽将其中的一架飞机带回。

从一开始，这艘船舰就在海上备受瞩目，在前八个月的执勤中，只有共计两周的短期维修或维护。[39] 船员们一直都在执行任务，在 5 月和 6 月中，他们在船上度过了 53 天。这是其工作效率的记录，也是英国海军部对其信任的证明。

10 "乌头"号的两次攻击

与此同时，法方的护卫舰正在积极寻求为"庭荠"号和"金合欢"号的复仇的机会。1943 年 2 月，"半边莲"号在纽芬兰的圣约翰斯和格林诺克之间的护航期间，参与了一场十分激烈的冲突，长达四天四夜。第 SC-118 船队及其 61 艘货轮受到众多德军 U 型潜艇的猛烈攻击。2 月 7 日，自由法国海军的舰艇前去营救被鱼雷攻击的一艘货船上的幸存者，深水炸弹已经开始跟

海上的抵抗：自由法国海军史

随雷达和声呐的回波进行攻击。在航行过程中，海面下传来爆炸声。后来才知道是"半边莲"号击沉了U-609号潜艇。13艘盟军的船舰被击毁，但护卫舰也成功摧毁了3艘德军潜艇。邓尼茨将这次袭击称为"潜艇战中最艰难的战斗"[40]。

在接下来的一个月，"乌头"号取得了首次成功，炮击并撞击了U-444号潜艇，使其在3月11日深夜浮出水面。这艘潜艇在夜晚时已经受到了英军"收割机"号驱逐舰的袭击。"乌头"号俘获了四名德军船员。但是"收割机"号很快就被另一艘U型潜艇U-432号所击沉。自由法国海军的护卫舰返回战场疯狂地搜寻敌人。在中午时分，它发现敌方潜艇，但后者立即潜入水中。利用声呐回波的搜寻仍在继续，深水炸弹也已准备就绪。最终在一个小时后，U型潜艇浮出水面，"乌头"号对其炮轰和扫射，直接向它展开攻击。最终以对其中间部位的一击结束了战斗。随着U-432号潜艇的沉没，大约20名德军士兵爬上了"乌头"号。护卫舰离开前去营救"收割机"号的船员。几小时内即取得两次胜利，这在盟军的海军部队中是前所未有的。4月份，戴高乐将军为这艘船颁发了解放十字勋章，也同样向其指挥官让·勒瓦瑟尔授予了勋章。

也正是在这一年，即1943年，德国海军的霸权终于不再坚不可摧，而盟军对船队的护航也更有效率。虽然德军的潜艇仍然击沉了许多货船，但它们更常被击沉，德国对于战争的努力遇到了第一个限制，即交付替代战备品的速度低于盟军舰艇的生产速度。大西洋的海战也同样在兵工厂和军火库中进行，从1943年中期开始，盟军的工业部门终于产出比被德军击沉的更多吨位的产品。事实上，德意志帝国还必须照顾东线，它已成为数百万士兵的坟场。2月份斯大林格勒失守，而后苏军的反攻也使其十分担忧。1942年11月，在阿拉敏战役中取得了决定性胜利之后，盟军也于5月成功地使德军的非洲军团投降。盟军继续驻扎在北非，即使时局仍不明朗，但未来充满了更多的希望。

208

第六章　自由法国海军的终结与合并

1　大西洋之战：新战场与新装备

战争的形势正在发生变化，护卫舰的任务也正随之改变。随着大西洋战区的战斗愈演愈烈，护卫舰被派往美国海岸附近进行护航。美国的基地也对其提供支持。例如1943年9月，"乌头"号在新奥尔良的船坞进行检修，指挥权在此时发生变更，该舰被委任于海军上尉勒米利埃。当让·勒瓦瑟尔少校离开这艘船舰时说："'乌头'号闪着荣耀的柔和光芒。我向你们所有人说再见，希望它那强大的船艏能尽快出现在法国海岸的视野之中。"该护卫舰执行的任务更加多样，返回欧洲接受新的指令，在英国和北非之间护送舰队，并且大部分时间都在守卫直布罗陀海峡。

· 第六章　自由法国海军的终结与合并·

同样在 9 月，盟军的护卫舰必须要因应德国的新发明"通气管"，它是一种装备在潜艇上并可以收起的双管装置。一旦装配，便可以在水下航行时为发动机提供新鲜空气同时排出废气。U 型潜艇借此可以更高频地在水下行动。在 ONS－18 船队航行时，护卫舰受到了更为猛烈的攻击，取代了货轮成为敌人针对的首要目标。有三艘军舰被击沉，并且"半边莲"号、"毛茛"号和"粉百合"号也在战场上击退了十几次进攻。护航力量的瓦解使得潜艇连续摧毁六艘货轮。尽管大海并没有如往常一样泛起大浪，"粉百合"号的值班军官还是第一个发现了这个大型的筒状圆柱体。陆陆续续的情报也将会有助于识别和应对这个德国的"通气管"。

在合并之后，位于伦敦的自由法国海军同样也准备接收新船。在护卫舰和"战士号"驱逐舰的任务成功完成后，英国皇家海军决定再为他们分配六艘"河"级护卫舰，它们比"花"级护卫舰更大更快。它们的航速可达到 24 节，比之前的护卫舰快 8 节，这使它们能够在舰队中更具机动性，便于打捞落水者或攻击 U 型潜艇。从 1943 年 9 月起，法方陆续接收了"发现"号、"冒险"号、"小冲突"号、"惊喜"号、"洛林十字"号和"东京人"号。除了"小冲突"号之外，共计 140 人的船员均来自自由法国海军。同上次一样，在托伯莫里进行的训练十分必要，士兵需要提高凝聚力和攻击技巧，而后护航行动便可以开始。新的护卫舰为英国附近的海域提供安全保障。美国的支援也在增加，为未来在欧洲的军事行动带来了大量装备。

2 第6FE机队的 "卡塔琳娜" 水上飞机

在没有航母的情况下，自由法国的水兵们不能对德国海军的大型巡洋舰和战列舰构成攻击力量，但他们也不会放弃组建海军航空兵部队的希望。目前，隶属海军的飞行员在英国皇家空军或法兰西岛中队中服役，后者是由一些空军飞行员组成的部队，以保障海岸附近的护航活动，并护送轰炸机前往欧洲执行任务……1942年2月，菲利普·德·西蒂沃上尉指挥了由大约20架喷火式战斗机所执行的两次空中行动，随后在法国上空被击落并于4月被俘。其他飞行员也被分派到自由法国海军的其他机关单位中，但并不与他们的专业相符。[1]在迪耶普的突袭中，法兰西岛中队击落了三架飞机，损毁了六架飞机，并失去了一名飞行员。

从1942年夏天起，自由法国总参谋部决定建立一个纯粹的海军航空兵部队。美国海军航空学校同意对法国士兵进行培训，法方与美国政府就反潜战舰队的装备达成了"斯塔克-奥博伊诺"协议。首批士兵于1942年10月抵达纽约，并在那里受到了热烈欢迎，这是自1940年的事件以来第一支在美国领土上被接待的法国军队。之后海军士兵们前往佛罗里达州的杰克逊维尔和北卡罗莱纳州的伊丽莎白市接受训练。最终在1943年7月，共有60名飞行员和288名机械师加入被称为6F"E"的机队中进行学习探索。

他们在"卡塔琳娜"水上飞机上学习驾驶。它的机翼跨度约 30 米，能够在 4000 公里的行动范围内携带两吨反潜艇炸弹。该飞机可以进行侦察和监视行动；1941 年春天，英国皇家海军出动所有力量意图摧毁"俾斯麦"号，就是这种飞机最终将其找到。它配备两个大型的普拉特·惠特尼发动机，噪音大到让人感到不适，但可以让飞机进行长途飞行，机组成员最终也喜欢上这台笨拙、质朴但极其可靠的机器。在逐渐接手战机后，机队共配备了 15 架飞机，而后降落至佛罗里达州南端的基韦斯特，那里有一个潜艇基地，可以进行战术训练。[2]

1943 年 9 月 16 日，该机队正式开始武装起来，由查理-亨利·德·莱维-米赫布瓦上尉进行指挥，并作为美国海军第 15 舰队航空联队的一部分进行作战，但他们的飞机上都印有洛林十字。1944 年 2 月，该机队加入了位于摩洛哥利奥泰港的部队，并直接在阿加迪尔展开行动。机队飞越直布罗陀海峡以阻止 U 型潜艇进入地中海（必要时会发射深水弹），在摩洛哥、葡萄牙、亚速尔群岛和加那利群岛之间提供护航，"卡塔琳娜"水上飞机当然也可以降落在海面上展开救援行动。其续航能力为平均持续 12 小时，有些甚至超过 17 小时。

214

3 两支海军部队的合并

对所有法国的军队来说，1943 年的大事件一定是"自由法国"的部队和 1942 年 11 月后参战的法国部队之间的合并。自从

海上的抵抗：自由法国海军史

盟军登陆非洲并推翻北非政权以来，法国，至少是战斗中的法国，一直处于分裂状态。戴高乐将军和吉罗将军二人统帅着两支军队，每个人都在盟军面前声称自己代表了这个国家。对于前者来说，尽管他坚决拒绝一切他国的干涉意图，但他已在英国待了两年多。后者则是美国的代言人，他的政治发展要保证符合美国的利益。前者为一个主权政治组织奠定了基础，即在伦敦建立的民族委员会，后者则被称为"法兰西行政和军事总司令"。1943年1月，在卡萨布兰卡召开的安法会议上出现了尴尬的局面，在这场由外国势力所组织的会议上，罗斯福和丘吉尔两大巨头均列席参加。戴高乐在会上首先批评了吉罗，然后拒绝同盟国对于抵抗运动的所有指示意见。[3]丘吉尔写道："他的国家已经放弃了斗争，他自己也只是一个难民……好吧，看看他！他以为他是斯大林，就好像他身后有两百个师。"[4]尽管如此，联系已经建立，二者的司令部之间的首次接触和融合也已经开始。

几个月后，戴高乐于1943年5月来到阿尔及尔并在这里驻留，他在法兰西民族解放委员会的协商框架下，对位于伦敦的民族委员会和法兰西行政和军事指挥部进行整合，并力图成立新的机构。之后，两个阵营之间为争夺抵抗运动的领导优势而开始展开了激烈斗争。在6月初，有些人甚至开始支持反戴高乐主义者的政变，戴高乐因为害怕被捕而带着大部队进行转移。值得注意的是，在6月2日加入吉罗阵营的阿尔及尔地区安保负责人，正是米塞尔埃！结束了伦敦的斗争后，这位海军中将希望在北非建立一个新的领导部门。他的忠实合作者安德烈·拉巴特已成为情报总长，并在此地提供协助。但这位自由法国海军的前任首长很快就明白，这场斗争不会给他带来任何好处。因此他拒绝参与这场罪恶的计划，并于9月返回伦敦。[5]

吉罗拒绝"进行政治层面的操作"，并认为可以在军事层面上给对手制造麻烦。但障碍最终被解决：戴高乐在这两个领域都投入了他所有的力量，尤其是他对抵抗组织的牢牢掌握。1942年7月，自由法国正式更名为战斗法国，涵盖了民族抵抗委员会成立之后让·穆兰所联合的各种运动组织。在军事层面，1943年上半年，他在北非地区吸纳了更大规模的人员，尽管自由法国提供较低的补贴，生活条件更苛刻，纪律更严明，作战风险也更高，但士兵们还是更喜欢加入自由法国的军队，因为戴高乐的部队在多条战线上都在展开军事行动，而北非原部队还没有明确的军事任务。自由法国的缔造者逐渐占据了优势。

在法国海军内部，同样有支持自由法国海军的运动在进行。舍弃美国势力的人员及设备成倍增长，包括几艘可用于现代化改造的大型法国船只。在自称反盟国甚至有亲德情绪的军官麾下，水兵们拒绝继续服役。他们的意见被转达，而那些军官在城里的表现也极其不佳。美国境内的舆论很快就站在戴高乐一边。美国政府十分恼火，试图整顿和逮捕背叛者，但最终还是同意赋予水兵自由决定的权利，其中超过1500人选择了自由海军。

7月，蒂埃里·德阿根利厄被任命为海军准将，并在英国掌舵了法国海军部队，这是一个新的行政机构，收编了前自由法国海军。8月4日开始，它正式合并了在非洲的海军力量。奥博伊诺和勒莫尼埃海军上将随后就双方的和解进行了谈判。事态发展迅速，因为尽管在许多领域都采用了英国标准，但在皮雷委员任职时，自由法国海军的内部标准仍然接近法国海军的标准。[6]因此在某些舰艇上，会将自由法国海军的新老成员与仍然忠于贝当的海军人员混编在一起。

4 当敌人成为战友

显然，水兵们有些不情愿。由于最近几年的经历和信仰非常不同，所以心态很难转变。皮埃尔·德·莫尔西耶形容军官们之间的气氛是十分紧张的：

> [……] 还完全做不到互帮互助。尽管都历经磨难，但在这两个参谋部的融合过程中，似乎没有看出任何的新面貌。其中一个较为蹑手蹑脚，另一个则依旧完全沉浸在贝当元帅的教义之中。阿尔及尔仍然很难看到洛林十字，它有时也被叫作"鹦鹉架"。没错，确实是鹦鹉。毕竟谁会在近三年来一直在不断重复着：法国要再次拿起武器战斗。[7]

忠于贝当元帅的支持者指责自由法国的成员在法国沦陷时逃跑了。而1940年在英国战营中服役的法军士兵，回到法国后也不愿和他们的同胞士兵并肩作战。一位年轻的少尉取笑那些在"西奥多·蒂西尔总统"号上的自由法国海军培训基地毕业的军官，讽刺这个学校是"在英国的黑鬼小学堂"。[8]目前，虽然共同政府的存在可以排除今后产生任何敌对行动的风险，但两个实权之间仍然经常发生对抗。第一次发生于 1942 年的 12 月，在达尔朗被暗杀的第二天，"德特罗亚指挥官"号和"风雅"号的船员之间便发生了冲突。一些维希军官对战友冷漠且疏远，有时甚至会发起挑衅。水兵之间的气氛稍微好一些，刚刚真正参战的人有时会表现出好奇，会毫不犹豫地向已经参战了三年的人打招呼。但是在 1943 年 4 月，当"赌气"号从"萨沃尼昂·德·布拉柴"号旁的几米距离驶过时，船长让船员们爬上甲板，背对自由法国海军的军舰。一些军官陷入了无休止的自证和对新领导的轻蔑之中。面对新的事态变化，他们并不想背弃他们在 1940 年做出的选择，抑或背弃贝当元帅的声望，并在这样的前提下参加战斗，戴高乐将军也从未强制要求过他们这样做。另外，戴高乐坚持认为"他的"士兵不要参加这种记忆竞赛，并要求把来自被称为"前海军"[9]的同仁们视为战士：

所有人都必须毫不留情地消除相互关系中的偏见和怀疑。无论每个人的出身和意见如何，只要他为法国服务，他就是其他所有人的兄弟，只有他的领导人才能评判他和他的业绩。[……]正是通过秩序和团结，并且也不排除活力与热情，我们才能成功地解放法国。[10]

1943 年 11 月，为彰显整体的团结，路易·雅基诺被任命为法兰西民族解放委员会的海军委员。维希海军的轻蔑有时带有政治性质：自由法国的海军被认为"不可常与之来往"，协同合作使某些信仰得到包容，而这些信仰在合并后也依旧持续存在着。

维希政府关于任何主题的宣传，依旧拥有受众。戴高乐主义者被讽刺为极"左"分子和共济会会员。在巴尔的摩，一名海军代表团的工程师负责法国船舰的现代化建设工作，他要求费纳尔上将"拒绝有共产主义色彩的犹太家庭向我方海军士兵发出的所有邀请"[11]。

在法国本土，现行的维希政府由皮埃尔·拉瓦尔全权掌管，正在尽其所能助长动乱。关于军饷和其他福利的支付问题，前自由法国海军的士兵家属正焦急地等待着合并后恢复放饷。确实是这样，为什么要对现在隶属于同一部队的海军士兵区别对待？然而，如果政府将驻扎在非洲的海军部队人员认定为"缺席"状态并持续对其支付军饷，那么他们对于自由法国海军士兵家属的所作所为就是歧视。而直到1944年3月才恢复对这些家庭发放军饷。

5 西西里登陆和解放科西嘉

夺回轴心国领土的首次大规模行动，被称作"赫斯基"行动：即登陆西西里岛，从而获得一个拥有天然屏障的基地，既可以由此前往法西斯意大利，又可以协助他们的盟友减轻面对纳粹东线的压力。盟军在阿拉敏和突尼斯取得胜利后，便可以更好地控制地中海地区，开展军事行动。1943年7月10日，3000多艘船上的16万余人参与了行动，登陆点位于西西里岛的南部和东部海岸，分别是靠近巴顿第七军的杰拉和靠近蒙哥马利第八军的锡拉库扎。

· 第六章　自由法国海军的终结与合并 ·

对于法国海军来说，理应由驻扎非洲的海军部队参加此次战斗。"空想"号和"可怖"号驱逐舰特别参与了萨莱诺登陆。另外，法国海军第一和第二炮兵连也在意大利一直服役到1944年。在科西嘉岛，近来航道也开始畅通。"卡萨比安卡"号潜艇在9月为阿尔及尔至阿雅克肖之间铺平了道路。几个月以来，它一直谨慎行动，往返穿梭170余次运送突击队员，使其重新夺回了阿雅克肖并在现场组建了一支部队。之后，"空想"号和"可怖"号自阿尔及尔出发参与战斗部署，它们搭载着包括未来科西嘉行政长官在内的800余人。最终，从西印度群岛返回的"蒙卡尔姆"号和"贞德"号巡洋舰吸纳了这里的相关人员和物资装备。科西嘉岛在月底解放，戴高乐将军准备将吉罗从法兰西民族解放委员会中永久除名，他于10月8日在岛上发表了讲话。从1944年起，统一后的法国海军与盟军重新控制了地中海。

至于在意大利，局势发展变化也十分迅速。自墨索里尼于7月下台以来，该国已进入大规模的混乱和内战。9月8日，巴多格里奥签署了停战协定，但盟军只控制了该国的南部地区。同月，希特勒在"意大利社会共和国"重新扶持墨索里尼上位，并利用托特组织建造的古斯塔夫防线占领该国北部。新的军事和政治秩序刚刚建立，格局便已成型，必须要引入新的军队来解放意大利的其余地区。

6　新部队的诞生

1943年5月，在突尼斯战役中，海军陆战队在高射炮防御战中也有进一步的突出表现,并在杰贝尔加西、塔克鲁纳和恩菲达参与作战。在军队合并之前和之时,吸纳了来自原北非部队的士兵之后,于9月24日正式成立了海军陆战队第一步枪团。在自由法国第一师的各类职能部门都参加过战斗后,这个新的军团此次专门承担侦察任务。它有近900人,被整编成五个大队。第一队为轻型坦克队,由巴贝罗上尉指挥。其他大队分别由1943年1月自圣皮埃尔和密克隆群岛返回的萨瓦里上尉、布拉瑟尔-克马德克上尉、朗格卢瓦上尉和赛格托维奇上尉指挥。每位军官都陆续得到一套等级一流的装备。1944年4月登陆意大利时,这支军团共拥有57辆吉普车、17辆道奇卡车、20辆半履带车和17辆斯图尔特-M3A3轻型坦克。

盟军的目标是占领意大利的其余部分。自由法国师作为一支由多个民族组成的远征军部队进行作战,尤其是其中还有许多法西斯的仇敌。该部队的任务是预测敌军的进攻动向:需要评估地形,精确定位敌人的位置,并不间断地向总参谋部报告。决定进攻时,该部队不得与归营部队失去联系,他们也经常与敌军直接交火。这项任务充满艰险,每周都有几人牺牲在伏兵陷阱或激战冲突中。6月10日,在博尔塞纳湖附近的蒙特菲亚斯科内,于贝尔·阿米欧·丹维尔在视察他那装备先进的部队时,踩踏地雷身亡。6月18日抵达玛多娜戴尔维涅时,海军陆战队第一步枪团已经有4名军官、5名士官和52名军需官和士兵牺牲,并有150人受伤。

同样,由于大量水兵新征入伍,在突尼斯建立一个"比塞大军营"成为迫切需求。尽管其中自由海军的成员较少,但他们依

· 第六章 自由法国海军的终结与合并 ·

旧具有强烈的战斗精神。起初，它有大约 550 人，由雷蒙·马吉亚少校率领，并且只收到了一些小型装备。几个月之后，它在警戒任务中的出色表现引人瞩目，儒安将军在决定编组一支装甲兵团时，马吉亚抓住了此次机会，并成功地说服了戴高乐：1943年 9 月 19 日，海军陆战队第一装甲团正式成立。然而，当该兵团驻扎摩洛哥时，在接收坦克的问题上遇到了困难。1944 年春天开始，水兵们陆续获得了 30 多辆 TD 式坦克、一些半履带车和其他侦察车。之所以花费了这么长时间才收到这些装备，是因为盟军的军队规模正飞速增长，盟军很快将会再次占领欧洲的堡垒。

224

第七章　荣耀时刻

西西里岛胜利之后，在 1943 年 11 月底集结了丘吉尔、罗斯福和斯大林的德黑兰会议上，确立了为重夺西欧而开辟新战线的战略方针。斯大林得到了另外两方将于 1944 年春季在英吉利海峡海岸登陆的保证。英美高层已经拟定了首批进攻计划，[1]并在元首们从伊朗返回之时，就有组织地投入到这项庞大的作战计划之中。针对 1942 年迪耶普登陆的失败进行仔细分析后，盟军决定将战线拉长，获得尽可能多的登陆点，而不是过度集中登陆而增加直接的风险。法国抵抗运动组织提供了有关登陆地区最重要的信息。海军方面的行动被委任于海军上将蒙巴顿，他将指挥运载超过 13 万人的航行及防卫行动。如果登陆成功，则还需要组织 2 万到 300 万士兵的运输和相关补给。诺曼底登陆行动被命名为"霸王"行动，由艾森豪威尔将军指挥。其中海洋方面的行动，称作"海王"行动。而第三个行动"坚韧"行动则是为了瞒过敌人，在英吉利海峡东海岸部署坦克、飞机、充气炮和一些冒牌军舰，使敌方相信盟军会在北加莱登陆。甚至在苏格兰也有所部署，使敌方相信会在挪威展开行动。

1 "海王"行动

在行动的准备工作期间，并没有真正地将法国海军纳入磋商当中。尽管如此，合并之后的海军部队还是计划周详，海军上将勒莫尼埃和德阿根利厄坚持从非洲部队中抽调两艘巡洋舰。1944年1月17日，在达成许诺之后，英国海军上将拉姆齐和金在伦敦对相关舰艇进行了确认。涉及的法方船舰如下：[2]

巡洋舰	"乔治·莱格"号、"蒙卡尔姆"号
鱼雷艇	"战士"号
驱逐舰	"冒险"号、"小冲突"号、"发现"号、"惊喜"号
护卫舰	"粉百合"号、"乌头"号、"毛茛"号、"德蒂安纳·多尔韦指挥官"号
猎潜艇	10号、12号、13号、14号、15号、41号
鱼雷发射机动艇	八艘
扫雷艇	两队

上述舰艇中，重新武装的扫雷艇因状况不佳，仍停留在英国海岸附近。因此，共计有25艘法国舰艇参加"海王"行动，而将驶向法国海岸的舰艇总数则超过6900艘，这是有史以来最大规模的舰队，也是最大规模的军事打击行动。但这对他们的心理影响则更具意义，因其使得法兰西民族解放委员会的授意变得重要。

2 集训

盟军将一些战略任务交给"乔治·莱格"号、"蒙卡尔姆"号和"战士"号。前两艘舰艇在美国加装了最新型号的雷达和152毫米口径的火炮。这些舰艇在奥兰准备完毕后,启程前往只有勒莫尼埃才知道的目的地:首先是英格兰的克莱德河口,之后于1944年5月抵达苏格兰北部的斯卡帕湾。水兵们都惊异于战备工作的规模之大。他们参加了许多联合演习,包括对空射击、对陆射击、舰队导航等共129次演习,最后一次以前往贝尔法斯特港口结束。通讯对于行动的成功来说至关重要,在"蒙卡尔姆"号上有五名盟军联络官和九名无线电操作员。海军上校萨林和德普雷,以及他们的长官海军准将罗亚尔在5月28日施令展开行动。他们也知悉这两艘巡洋舰被编入了未来诺曼底战线的西线特遣部队,将由美国海军上将柯尔克指挥,这支部队共包括了3艘战列舰、7艘巡洋舰和35艘驱逐舰。它们作为其中的海上力量,成为第124突袭部队的一份子。在美国海军准将布莱恩特的支持下,在美国的"德克萨斯"号和"阿肯色"号战列舰、英国的"格拉斯哥"号和"贝罗纳"号巡洋舰的协助下,它们将前往奥马哈海滩附近。这些舰艇的主要任务是对海滩上的战事提供火力支援,以对抗德军的防御力量。在火力的掩护之下允许盟军人员和设备在可能的情况下登陆,或者直接在前线登陆或者通过交替式的射击间隙登陆。接下来,计划使用152毫米口径的火炮来帮助推进在诺曼底的地面攻势。舰队被分成独立的突击分队使他们能够自主行动，以便利用所有的必要手段进行战斗。这些舰艇将进行支援、护送、登陆、补给，并为登陆后将使用的人工临时港口进行装备工作。因此，"乔治·莱格"号和"蒙卡尔姆"号会为将在贝辛港和奥克角之间的登陆部队提供援助。

其他的护卫舰和驱逐舰也在北爱尔兰的伦敦德里附近进行训练，并为登陆做准备。他们使用已完美掌握的技术进行水上射击训练和反潜训练，也进行了在登陆时，靠近海岸附近可能发生的对空作战训练。飞机在距船体几米的地方发射实弹用来锻炼船员的应对能力，船员还要瞄准由飞机拖拽的风向袋进行反击练习。

3 艾森豪威尔："好，我们走"

5月31日，舰艇上的士兵不能再与陆地联系，他们被"封印"隔绝于海上。已知登陆的时间定于6月5日，停靠在贝尔法斯特基地的船舰将于6月3日凌晨2时30分起航，以便可以中途加入其他船队并同步抵达。准时出发后，海况却发生变故，风急浪高，于是在7时30分下令折回，登陆时间推迟24小时。最后，攻击的开始日期是6月6日，战斗打响时间为6时30分。对于贝尔法斯特基地的船舰来说，因为折返造成的延迟，单程需要12小时，往返则加倍。而后，艾森豪威尔决定再次起航，并不再折返。考虑到所有船舰的特性和各自的任务，舰队抵达普利茅斯后重新进行编队，时间表精细到分钟，然后再次出发。

海上的抵抗：自由法国海军史

为了避免打草惊蛇，排雷工作不能提前进行，而是要安排在舰队正要通过之前。汇合点为怀特岛圣凯瑟琳角前的"皮卡迪利广场"浮标，部队到达这里后统一开始行动。他们故意驶往错误方向的航道来瞒过德国空军的侦察，之后再改道接近诺曼底海岸的作战区域。航行很顺利，偶尔跌宕起伏，大部分时间里都是波澜不惊。罗亚尔将军在他的报告中说道：

> 我对各个舰队航行和机动方式的钦佩难以言表。就第3号和第4号航道而言，要有过数千艘各种大小不一的船舰经过这里。在大约两个小时内便完成了在航行区域的集结，而据我所知，没有发生任何相擦。[3]

"发现"号在夜间察觉到，此时海浪增大，已达1.5米至2米，于是便询问接应部队的大量机械化登陆艇是否能够穿越英吉利海峡。[4]月朗星稀，德国空军飞机往来穿梭。参谋部的工作事无巨细，分工明确，一个细节可见一斑：一条有关两艘法国巡洋舰下锚的指令是，"乔治·莱格"号在距离贝辛港以西的258海岸点7950米处；"蒙卡尔姆"号在距离钟楼的352海岸点7200米处。这正是两艘船舰要停靠的地方，并且完成时比时间表上的5点提前了三四分钟左右。第一阶段的任务进展十分顺利，没有地雷、撞船或敌机攻击。第一批空降兵抵达时，防空战就在当夜随即展开。

两艘巡洋舰于凌晨5时42分开始攻击。"乔治·莱格"号船舷转向攻击目标，集中火力向"大西洋壁垒"海岸炮台倾泻炮

第七章 荣耀时刻

弹。炮台对火力点进行了很好的掩护，于是"蒙卡尔姆"号继续攻击。6时05分，巡洋舰的火炮压制彻底使海岸炮台平息。巡洋舰集中火力对机枪掩体和碉堡进行攻击，随后在早上6时30分，出于对第一批登陆部队的保护，停止对海岸的无差别射击。奥马哈海滩的德军装备十分先进，精心隐藏的机枪造成了大量士兵牺牲并阻止了部队前进。挤满伤员的驳船正驶回大海，指挥炮击奥马哈海滩的美国海军上将布莱恩特估计，第一波突袭就损失了50%的兵力。在舰炮火力岸上控制分队的协助下，8时40分左右重新开始攻击，陆地观察员与相关船只保持无线电联系，并引导攻击方向。空军在稍远的地区进行轰炸，也是通过无线电传输情报。船上的战略室变成了作战中心，枪炮部门长也参与其中。借助地图和情报，他们现在将焦点瞄准在沙滩上的沙丘后方，此处是巡洋舰的视线盲区。应岸上控制分队的要求，"蒙卡尔姆"号摧毁了几个攻击目标。"乔治·莱格"号没有收到来自陆地的情报，只能通过战火的烟幕变化判断正在进行的攻击，有时也通过烟幕颜色，有时还根据部队在海滩上的攻击方向。战势的进展异常缓慢且十分惨烈，持续了整个上午。下午开始时，"乔治·莱格"号恢复了对"大西洋壁垒"海岸炮台的射击。白日将尽、夜晚来临之时，好几个炮台死灰复燃，所以必须尽可能精确地消灭它们。毫不夸张地说，盟军的步兵已经非常接近德军的炮台了。一些护卫舰在上午驶离，下午就返回以继续保驾护航的使命。在返航的路上，他们看见了"一面墙般的船舰群"：商船接管了运送增援和设备的任务，包括巨大的浮动临时港"桑椹港"。对护卫舰和驱逐舰来说，这预示着它们将面临繁重的护航

海上的抵抗：自由法国海军史

任务。

第二天，6月7日，巡洋舰使用152毫米口径火炮继续对登陆行动进行掩护。"蒙卡尔姆"号进行了300多次炮击，"乔治·莱格"号为59次……荷载量可支持攻击一直持续到6月11日！6月9日，"乔治·莱格"号的水兵们便能游览解放后的贝辛港了。人群在一开始很沉默，但在发现了维希法国海军的"蓝领"军衫后，士兵们变得狂喜。他们进入随机碰到的房屋内，喝了几瓶被小心翼翼藏起来的美酒。在路过小村庄的教堂时，士兵们在钟楼上刻下："1944年6月9日，经过四年的沦陷后，巡洋舰的海军士兵们在这座钟楼上升起了国旗。"[5]6月10日22时，布莱恩特最终传达给法军士兵们：

> 你们的舰船对这一次伟大的行动给予了令人钦佩的支持。目前，攻击目标确实超出了我们的火炮射程，但这也有力地表明了战线正在向南方的陆地推进。[6]

显而易见，法国士兵们十分欣慰和自豪。在接下来的几天里，继续进行对敌军的监视，修整船上的火炮，核查本次行动的相关报告，而后上报。6月15日，在经历了自战争开始九天以来前所未有的高强度作战和巨大的情感起伏之后，"罗亚尔的师部"终于回到了米尔福德港。而"蒙卡尔姆"号又继续往返了几次进行支援，甚至还击落了一架德军JU-88型轰炸机。

4 "战士"号登陆法国土地

"战士"号的登陆同样英勇而曲折。作为英国海军上将维安所指挥的东部特遣部队的一部分,[7]该船舰停泊在朱诺海滩前。6月6日上午,它的任务是提供必要的火力支援,特别是要让滨海库尔瑟莱的敌军炮台偃旗息鼓。德军将炮台安放在海边加固的房屋掩体内,与其他的房屋相连,或许还有法国居民居住。尽管居住在这里明显十分危险,但谁知道是否每个人都能够逃离并已经去乡下避难呢?所以指挥官帕图坚持只摧毁攻击目标。为了寻求最精确的射击,"战士"号缓慢接近,直到确保炮手能够准确命中房屋。此时距离海岸约1500米,终于到达可以开火的位置。但是突然船体剧烈震动:帕图通知位于左舷后方的英国驱逐舰"史蒂文斯通"号,它已经在水下四米处搁浅。"战士"号想通过操作螺旋桨后退来摆脱困境,但螺旋桨撞到了水底沙质中间的岩石。所以只好继续射击,并同时在主桅悬挂黑球,以表明该船已搁浅抛锚。"战士"号英勇地参加战斗,曳光弹得到了充分利用,炮弹的火力极其密集,这一切都归功于水兵们的完美合作。船舰距离海岸非常近,以至于偶尔也会受到炮弹的袭击,这对前甲板造成了一定的损坏。船舰也不得不偶尔中断射击,以便部队成功登陆并控制炮台。最终,轰炸在当天结束,英国"维纳斯"号的指挥官轻快地收兵,并向"战士"号发送了一条关于登陆的信息:"我很高兴第一批踏上法国领土的是法国人!"

海上的抵抗：自由法国海军史

当天晚上，在潮汐的帮助下，船舰再次漂浮起来，载上剩余的人员在夜晚再次启程前往朴次茅斯，以便腾出必要的空间来建造滨海圣洛朗的人工临时港口：这是盟军的后勤保障工作的奇迹。在接下来的几天里，护航行动源源不断地运送装备和人员，以便从希特勒手中夺回欧洲大陆。6月14日，"战士"号有幸运送戴高乐将军和法兰西共和国新临时政府的一些官员。这不是一次简单的愉快访问，能够回到本土，更多的是一种感动。在当时，也必须要同美国的野心做斗争，因为美方仍然想要摆脱戴高乐并要求由"占领区盟军军政府"来管理解放区。"战士"号在早上返回了滨海库尔瑟莱，法兰西共和国临时政府总统戴高乐将军首先进入了巴约。他知道美国特工已经仔细观察了他这一天的行程，并已经能够证明了他的影响力和法国人民的本能愿望。人民的欢呼让他立即放下心来：

> 一见到戴高乐将军，民众们先是一阵惊愕，而后顿时欢呼雀跃，甚至泪流满面［……］。孩子们环绕着我。妇女们微笑着抽泣。男人们向我伸出双手。我们一起，如亲兄弟般慷慨激昂，感受着从深渊底升起的喜悦、自豪和民族的希望。[8]

总统随后访问了伊西尼和格兰德坎普，临时政府的代表们审慎地向银行投放了2.5亿法郎的货币，以对抗罗斯福所希望流通使用的美国货币。戴高乐禁止一行人在这里过夜，因为该地区仍被视为战区。晚上，他登上了"战士"号，并在清晨启程前往英格兰。对于保障穿越海峡行动的水兵来说,这次访问象征着他们四年的努力终有回报:首长的亲近和感谢,以及整个民族的欣喜。

5　解放英吉利海峡

一旦前线已经稳定并且港口再次启动使用,护卫舰就被大量用于在海峡中的护航行动。八艘军舰以及六艘猎潜艇尽心尽力地完成这一任务,在几周内共完成了 18 次航行。在刚胜利登陆后的几次航行依旧非常紧张。由"冒险"号、"小冲突"号、"毛茛"号和"乌头"号组成的第 108 独立护航队击退了来自德军 JU-88 型轰炸机的数次攻击,"冒险"号击落了其中的一架。"惊喜"号在 6 月 20 日触雷,而后须紧急拖到英格兰,但幸好没有人员伤亡。在几次定位工作和遭受未遂攻击之后,盟军标记了多个深水炸弹群。鱼雷艇第 23 舰队也在整个夏天进行搜索水雷的工作,并有幸最先入驻一个位于法国的新基地:即在 8 月底设立在布列塔尼西北部的武拉克三角湾基地。[9] 1944 年夏天,其他几艘船舰也被用于局部支援,例如"杜肯"号曾用于军需补给。老旧的"库尔贝"号多年来逐渐被自由法国海军放弃使用,现在也英勇地完成了最后的使命。在距离乌伊斯特勒昂约三公里的地方,它贡献出自己作为防波堤,以方便阿罗芒什的人工临时港建设。大约有 60 艘旧货轮也走向了同样的命运。6 月 8 日,这艘古老的战舰上,防空高射炮拆除已久,作为艰苦卓绝开端的象

238

征，终于被凿沉，其 8.6 米的吃水深度被悄然淹没。固定位置之后，无论潮汐如何，船舰的顶部都会突出海面，并成为盟军船舰的堡垒：德军连续几天都将其弄错，他们一直对"库尔贝"号进行攻击，但后者丝毫未动，这便是个中缘由。

总体而言，法国海军的舰艇和人员出色地完成了他们的使命，尤其是以如此少量的人员参与到这一惊人的海军行动之中。在几份报告中，主要的几位指挥官们都对法国军队无可指摘的效率和全心全意的付出表示钦佩。6 月 12 日，海军上将布莱恩特对法国水兵们说：

> 我非常遗憾地向你们道别。我们的合作对我来说非常愉快，而对希特勒来说非常不幸。祝你们好运，并希望能尽快再次与你们合作。[10]

6 剑滩之上，风笛声声

在 6 月 6 日上午登陆诺曼底海滩的部队中，有 177 名法国人，他们都是来自自由法国海军的士兵，隶属于海军陆战队第一突击营，其指挥官菲利普·基弗，刚刚在前日成为海军少校。自从他们集训以来，尽管已经经过了很长时间，他们的领导者始终使部队保持在最高水平。"庆典"行动失败后，突击队员对法国海岸的科唐坦角进行了侦察工作。他们在法国的领土上行走了几

第七章 荣耀时刻

分钟，还对海峡群岛（诺曼底群岛）展开了袭击。而他们最终也同样遭遇了不幸：1944年2月，在侵入荷兰的瓦森纳尔时，形势变得复杂，六人被杀。尽管如此，志愿兵还是如期抵达，并且在几个月后，人数增加到了可以组建三支标准的英国大队。

在登陆方面，海军陆战队突击营加入了由洛瓦特勋爵领导的第一特种作战旅中。他们须全部在登陆区域最东端的剑滩登陆，因此会直接暴露在前来支援的德军面前。在行动指示发出时，参谋部甚至还有些疑虑，因为有一些水兵在地图上认出了诺曼底海岸和相关的城镇，而这些地点在地图上到最后一刻都是无标名的。

他们在7时31分起开始登陆，他们的第一批驳船在英国驳船的前面经行而过。在基弗指挥的驳船上，前部的长舷梯被迫击炮摧毁，大约有60人不得不跳入水中并且要游至少50米才能登陆。第一旅的其他成员紧随他们，伴着洛瓦特勋爵私人乐师比尔·米林的风笛声中前进。总参谋部曾试图禁止他们的这种花样，但徒劳无功。机枪和轻型炮弹的对抗十分猛烈，推进极其艰难。两侧的坦克还没有能够清除地面上的地雷和带刺铁丝网。必须要前进并穿过沙丘，才能到达机枪无法射入的一组房屋内。仅在基弗的第一突击营中，海滩上的行动就造成了5人死亡、28人受伤，所受攻击的大部分是来自一座制高点上的碉堡。[11]

接下来的指令是从后方夺取海滨小镇乌伊斯特勒昂和里瓦贝拉的所有防御工事，并占领赌场区域。城市里的战斗再次造成了许多伤亡。在赌场后面开火的德国枪炮会毫不犹豫地瞄准任何有动静的别墅，然后狙击手直接射击。碉堡之间的联系可以帮助了

海上的抵抗：自由法国海军史

解相邻街道的全貌，德军便可以随时沟通需要摧毁的地点。在此时，一战老兵马塞尔·勒费弗出现在正在作战的突击队面前，并向机枪手指出电话信号中转站的隐藏位置；后者立即便被摧毁。同样，一辆坦克也摧毁了赌场的大炮，从而帮助了基弗的部队。在城中的最后一波巷战十分残酷，甚至是用匕首肉搏。最终在 11 时 20 分，突击队在城市南部重新集结。当天的最后一个行动是抵达贝努维尔桥（代号为"飞马桥"行动），与其他突击队员和霍华德少校所指挥的英国第六空降师会合。法国人经过贝努维尔，并朝向那座桥前进。在那里，战事已经持续了一整天。前面是乘滑翔机降落的英军，再往前面是分布非常分散的德军，这使得射击变得困难。最终在 16 时 30 分，风笛的声音传到了桥上，会师完成。这一天的剩余时间则用于加固堡垒，维护其驻地安全。

整个夏天，突击队都在诺曼底作战，参与了盟军十分艰难的推进工作。直到 6 月 24 日，共有 13 人死亡，57 人受伤，伤者包括 6 名军官，基弗也被袭击数次。但与大众所想的不同，诺曼底还远未重获和平：8 月 15 日，他们在乌伊斯特勒昂以东仅 40 公里处的艾比那又俘获了 50 名战俘。战斗持续到 8 月 27 日，然后军队返回休整并重新编组。自 6 月 6 日起的这 83 天战斗中，突击队共牺牲了 21 名队员，并有 93 人受伤。1944 年 11 月，作为英国突击部队联合行动中的一部分，法国海军陆战队第一突击营登陆荷兰的瓦尔赫伦岛，并占领法拉盛，之后该军队便驻留在荷兰的群岛上。

在诺曼底登陆的过程中，法国海军参与其中，并适度与其他军事力量相互配合,在6月6日以及后续战斗中,展现了多种类型的战斗形式。法军在这个过程中表现得勤奋而聪明,盟军总参谋部也注意到了这一点。6月6日午夜,解放者终于踏上了法国的土地,其代价是在13.2万名登陆的士兵和2.3万名空降的士兵中,共有1.05万人死亡,180艘船损毁或沉没。德军方面,第七集团军的15万名士兵中有1万人死亡。整个夏天期间,诺曼底的港口卸载了大量人员和物资:约有200万名士兵、44万辆汽车和300万吨设备。并且一条海底输油管道也随即被铺设。[12]为了盟军的后续行动,以及自诺曼底开始逐步解放领土,海军部队将继续行动。

7 海军第二装甲师的登陆

自1944年4月初开始,海军陆战队第一装甲团被编入由勒克莱尔将军所领导的第二装甲师中。在海军上校马吉亚的领导下,该部队包括31名军官、105名士官、601名军需官和水兵、158名殖民地募兵。它分为五个中队,拥有300辆装甲车,其中包括大约60辆TD–10型和M20型坦克。海军少尉菲利普·戴高乐指挥其中一支分队。8月2日,该军团在科唐坦南部犹他海滩防区的圣-马丁-德-瓦雷维尔登陆。如同装甲师大部队一样,它朝南行军,一直到贡捷堡,然后开始转向东北,抵达勒芒,以助于缓解卡尔瓦多斯的战线。8月12日,在阿朗松方向首次发生严重的冲突,三辆德军步兵卡车和一辆豹式坦克被摧毁。海军

243

陆战队装甲团拥有一些吉普车，可以巡逻并快速移动，以使他们的坦克避免与德军坦克过于接近。事实上，TD-10型坦克没有封闭式炮塔，所以装甲很轻。然而，在远距离攻击上，它的76.2毫米口径炮弹的性能优于谢尔曼型坦克，并且装甲部队的坦克版本得到了优化改进，安装了工程师希尔维尔·瑟拉所设计的"海军"瞄准器。如此改进之后，海军陆战队的坦克可以在行动速度和准确性上超越敌人。尽管如此，德军装甲车数量庞大，所以通往阿让坦的道路依旧艰难。每次攻城略地及后续行动都是由装甲部队的一记炮火打响，它需要定位并歼灭敌人，以便大部队继续前进。第二装甲师隶属于盟军第15军，作为诺曼底南部尖刀部队的一部分，行进时遇到了强大的阻力。尽管如此，通往巴黎的道路正在逐渐打开，装甲部队是本次历险重要的一部分。

8 登陆普罗旺斯

紧随着诺曼底登陆之后便是普罗旺斯登陆，盟军将目光转移至法国南部这片德军势力较弱的地区。他们的目标是迅速解放南部，以便与自诺曼底出发的军队建立增援连接点，以击垮纳粹帝国的军队。丘吉尔倾向于在巴尔干半岛开辟一条新战线以便先于苏联抵达柏林，于是他"被迫"选择了攻击南部，像古代的龙骑兵那样进行攻击：接受了代号为"龙骑兵"本次行动。

该部队与登陆诺曼底的部队非常接近,具有相同的攻击模式:划分为多个分区应对多个敌军部队,空降部队进行破坏并切断任何增援军的路线。在此背景下,海军部队同样扮演着重要角色,包括摧毁炮台、在登陆时进行火力支援、在登陆最初的几公里帮助推进战线、供应补给、疏散伤员及战俘,等等。其中不同的支队分别被称为"锡特卡""罗密欧""格雷塔""阿尔法""德尔塔""卡麦尔"和"罗西",从卡瓦莱尔一直延伸到滨海泰乌勒。1944年2月,法国海军得到消息,勒哈格雷上校的上司勒莫尼埃上将坚持让法军也参与战斗。因为他与负责领导备战工作的美国海军上将休伊特关系亲密,合并后的法国海军在总参谋部中也有一些发言权。另外,与诺曼底地区相比,此处地形复杂,所以熟悉此地的人员很有用。对于法国海军来说,这一点也十分关键,因为登陆首先是要夺回土伦:没有人会忘记1942年11月那次悲痛的自沉事件。此次行动共涉及34艘法国船舰,处于停战状态的舰队中的绝大多数船舰都来了。舰队分布分散,但"突尼斯人"号、"多米内指挥官"号和"知更鸟"号这些自由法国海军中极具"历史性"的军舰都在。[13]法国海军组织起了"洛林"号战列舰、5艘巡洋舰(包括"乔治·莱格"号和"蒙卡尔姆"号)、8艘驱逐舰、12艘通信艇和护卫舰,为运送法国第一集团军保驾护航。交战舰队总计有500艘舰艇,法国舰艇在其中战力最强。因此,它们加入"阿尔法""德尔塔"和"卡麦尔"这三个主要部队中进行作战,三者各自的起始基地在马耳他、塔兰托和巴勒莫。其他船舰则从科西嘉岛出发。

8月14日至8月15日的晚上,他们在卡瓦莱尔到阿盖的区

海上的抵抗：自由法国海军史

域内沿着相应的海滩分组进行定位。空军力量直接与舰艇联系，从早上5时50分开始进行轰炸工作。在西边，"锡特卡"和"阿尔法"所负责的地区，战线的推进相对容易，盟军所面对的抵抗很微弱，甚至还有黎凡特岛生产的彻头彻尾的木制大炮。排雷人员迅速展开工作，8时01分开始在卡瓦莱尔登陆。在"德尔塔"负责的中部地带，部队抵达时所遭遇的火力抵抗也很弱。在东部地带则较为危险，因为在圣拉斐尔建有一些防御工事。"乔治·莱格"号和"蒙卡尔姆"号在前48小时内分别发射了250发152毫米口径的炮弹。计划在圣拉斐尔登陆的部队最终转移到拉纳尔泰尔、阿盖和德拉蒙角。

沿着海岸，可以发现从土伦撤离的海军前来迎接部队的战士。登陆之后，船舰便立即着手其他不同的任务。"埃米尔-贝尔坦"号、"可怖"号和"机灵"号在戛纳和尼斯之间完成了若干个战略目标。它们还必须要保护船队免于受到德军舰队的袭击，后者驻扎在位于文蒂米利亚的基地。[14] 然而，盟军在进攻的最初几个小时内并没有遇到预期的抵抗，对于向东行进的美国第七集团军（戛纳和尼斯）和向西行进的法国第一集团军（土伦和马赛）来说，道路都已经被扫清。其中，法方军队由德·拉特尔·德·塔西尼将军领导。虽然第19集团军已向北方派遣增援部队，但是混乱不堪的德国军队仍然引发了一场游击战，在最初的48小时内就夺走了1500名盟军士兵的生命。即使与诺曼底登陆相比，损失人数的比例很低，但参战人员数量的基数很大。8月17日，登陆部队已经超出了船舰炮弹的射程。休伊特上将下令重组舰队，以免浪费不成比例的部队战力。新的战斗目标是解放港口以加快登陆速度。

在西边,"迪盖-特鲁安"号和"空想"号协助德·拉米纳将军的自由法国第一师向土伦推进,当然也协助了他的海军陆战队第一营。作战方式与当年波拿巴围攻土伦时接近,即从耶尔平原进攻吸引敌人,再从北部和法隆高原进入。海军作为支援部队已经摧毁了东侧的炮台,但塞佩特角的炮台非常强大,用340毫米口径的炮弹不断威胁港口及附近地区。在附近,圣曼德里尔的敌方驻军是这座城市的最后一个阵地。这组大炮被盟军称为"大威利",在此抵抗了一个多星期,在受到8698发各种口径的炮弹攻击后,最终于8月27日倒下。[15]

9 海军陆战队挥师北上

与此同时,德国海军上将鲁夫斯试图摧毁港口内的海军部队(包括"斯特拉斯堡"号、"加利索尼埃"号),但他的计划因一些障碍没有成功,尤其是他的部队在城市撤退的过程中迅速瓦解。与此相反的是,自由法国第一师在8月16日登陆,其中,海军少校皮埃尔·德·莫尔西耶负责指挥海军陆战队第一营。大约1000名海军士兵回到了卡瓦莱尔的法国领土上。后来又踏上了拉克劳和耶尔的土地,并准备解放土伦,盟军于8月23日发动进攻。战斗十分漫长且极其惨烈;整个军队损失了2700人。盟军在南部战线取得了重要进展。但直到9月13日才清除了港口的阻碍,并让法国的舰队进入港口,战火在水中浮动出摇曳的

海上的抵抗：自由法国海军史

影子：[16]大部分舰艇已经离开法国领土四年了。攻陷马赛、戛纳和尼斯等城市没有多大困难，船舰再次提供了宝贵的支持。据估计，在所有这些行动中，法国海军提供战力的比例接近25%。他们对该地区的了解，可以使得舰队的其他军队在精准情报的帮助下轻松作战，他们的贡献起了决定性作用，法国海军理所当然地重新获得了威望和法国人民的尊重，洗掉了以前的屈辱。

攻占土伦后，海军陆战队第一营在朗格多克地区巡逻，然后在9月初开始快速扩大范围。从9月3日起，该部队首先进入里昂，里昂随后便自行解放，因为抵抗运动和盟军的到来已经吓跑了占领这里的敌军。然后是勃艮第地区，在与从波尔多返回的德军进行了短暂而激烈的战斗后，同样获得解放。同自诺曼底出发的部队成功会师后，海军陆战队第一营被派往去缩小位于格雷夫和拉罗谢尔的敌军阵地，然后被紧急召回应对冯·伦德施泰特元帅的反攻，即1944年12月的阿登战役。海军陆战队在外籍军团的支援下，终结了阿尔卑斯滨海省的战争。在投降时刻，他们当时在圣-让-卡普-费拉。起始于1940年10月31日，海军士兵加斯顿·萨伦在加蓬倒下，直到1945年5月11日，海军下士康巴兹因伤去世，该部队共损失了195名士兵。[17]

盟军在地中海和诺曼底的首次行动后所获得的经验，部队所接受的专业训练，以及德军在受到攻击后的前几个小时内的毫无反应，这些都促使了登陆普罗旺斯的成功。然而，敌军强大的防御工事和二者军队的实力之差造成了很多伤亡。盟军的舰队目前可以完全控制地中海地区，其陆军也开始快速扩张、解放领土，并由此开启了纳粹的投降之路。

10 海军陆战队装甲部队的作战，从巴黎到贝希特斯加登

第二装甲师有幸执行解放巴黎的任务。首都暗潮涌动，市民的生活被诺曼底前线传来的消息时时影响着。在法国内陆作战的部队正在焦急地等待增援。另一方面，德军也准备尽可能进行长期抵抗。8月23日，在英军的帮助之下，法军的装甲部队重新集结出发前往巴黎。8月24日，几支特遣队通过巴黎南部的城门进入城区，装甲部队的各个中队分别驻守在各个交通要塞。行动目标是控制星形广场到市政厅之间的入口点，以包围和消减位于默里斯酒店的德军指挥部。战斗开始了，气氛却显得不真实，有的街道很拥挤，人群都冲向坦克和车辆。另外，之前已经安排了射击手的地方却空无一人。

德军装甲车部署在战略中轴线上。法国海军的西蒙式坦克小心翼翼地在香榭丽舍大道行驶着，在乔治五世地铁站附近遭到了袭击：射击来自隐藏在协和广场边的豹式坦克。二者距离有1800多米，战局还不明晰，但在西蒙式坦克方面，没有改变行进方向靠近目标，而是决定直接开火。豹式坦克是一种先进的45吨级坦克，威力强大，而且防御无懈可击，所以对于法军来说容错率极低。海军中士奎里奥和海军下士马迪利用出色的瑟拉式望远镜瞄准并准备首次射击。西蒙式坦克的第一发炮弹就击中了目标！这十分惊人甚至不现实。敌军坦克中弹后，巴黎人民即

海上的抵抗：自由法国海军史

刻欢呼起来。战争场面第一次有了观众的参与。

在卢森堡公园，水兵们缴获了八辆坦克，俘虏了 300 多人。8 月 25 日，巴黎停止了所有有组织的抵抗，海军少尉菲利普·戴高乐在蒙帕纳斯车站接受了德国军官递交的投降令。夏尔·戴高乐将军则于 8 月 26 日抵达香榭丽舍大街。当天晚上，海军的坦克停在协和广场上，在这个全民欢庆的日子，一名枪手在克里雍酒店的屋顶对人群进行袭击。当一支巡逻队被派去驱逐这名士兵时，他正将被民众处以私刑，有人大喊"这是第五纵队"，并认为他属于敌方的卧底游击队。当时"纵队"这个词还是个新词且鲜为人知，其中一位坦克指挥官就从字面上理解了这句话。于是他立即从皇家街上向酒店外墙的第五个柱子开火，受到攻击的立柱立刻坍塌。[18]

巴黎光复之后，战役却远未结束，海军陆战队于 9 月 8 日再次启程继续向东，第二装甲师迅速加入了盟军的其他部队。他们抵达孚日山脉，解放了几个城镇，并于 9 月 13 日摧毁了位于栋派尔的整个装甲旅。大雨阻止了军队继续前进，该军团在此休整，等待 10 月 31 日对巴卡拉进行攻击。接下来是阿尔萨斯战役，斯特拉斯堡于 11 月 23 日被解放，但在纳粹政权绝望的反击之后，阿尔萨斯其他地区的防御极大增强。1 月 5 日，敌人驾驶 50 辆坦克横渡莱茵河，然后于 1 月 7 日在斯特拉斯堡的北面建立了战略桥头堡。战斗一直持续到 1945 年 2 月。与此同时，海军中士让·蒙科热，这位新的坦克车长的到来壮大了海军陆战队装甲兵的队伍。让·蒙科热又叫让·加宾，他曾在好莱坞做演员，而后参军成为一艘护卫舰上的炮手，并于 1943 年 4 月正式加入

·第七章　荣耀时刻·

自由法国海军。尽管他不再年轻，但他依旧说服了上级部门让他参加战斗。在错过了加入海军陆战队装甲部队之后，他还是参加了坦克指挥官的训练，并受命成为骑兵坦克"苏夫勒尔－II"车长。

252

行军沿途发生的几件事使人们对装甲部队产生了钦佩之情。在洛林，一支巡逻队前去搜查时，在敌后13公里处发现了一架发生故障的歼击机。士兵们并没有对它进行破坏或置之不理，而是先隐藏自己的行踪，并在第二天带上冲锋枪对周围展开搜索。他们偶然遭遇了一支德国小队，并很快将其制服。在俘虏了20名德军士兵后返回了他们的装甲坦克中。接下来他们又进行了一天的搜查工作。当增援分队到达时，还以为坦克上的士兵已经死亡或被俘，之后一支连队骑着马接应了增援分队，另外还带着一门大炮和数十名被缴械的德国士兵。

搜寻坦克的工作仍在继续。76.2毫米口径的炮弹完全可以对抗德军，但是德军的中型坦克有45吨重，虎式坦克有65吨重，歼击车坦克接近27吨重。由于他们的装甲要比敌军差很多，所以需要智取。尽管如此，凭借过硬的侦察战术并受益于盟军的支持，该部队在诺曼底战役以来共取得了60次胜利，而失败只有10次。在4月初紧急派遣到鲁瓦扬后，为了削减负隅顽抗的德军袋形阵地，所有部队都前往德国。第二中队在1945年5月4日至5日攻占了贝希特斯加登，并在战争结束时抵达了伯格霍夫。法国海军最先发现了希特勒的藏身之处。

253

· 193 ·

11　决战大西洋

除了海军陆战队的装甲兵团和突击营之外，在 1944 年夏末，包括海军部队和法国国内武装部队在内的众多不同的军队都自发组织开展行动。目标是与依旧盘踞在法国领土上的众多德军袋形阵地进行作战。海军学校所属一支部队出发前往西南方向作战，罗什福尔的一支部队参与了奥莱龙岛的登陆，一些部队在仍受敌军控制的布雷斯特和洛里昂附近开展行动。对于任何一个阵地，部队想要攻占下来都绝非易事，并且在攻打重兵把守的德军基地时，造成了很多伤亡。至于海军舰艇，它们仍然活跃在大西洋的沿岸，以备对其进行支援。法国海军继续对波尔多展开行动，首先攻占了罗扬，然后和步兵部队一起攻占了格拉芙角。海军上将鲁尔所指挥的法国海军特遣部队负责保卫大西洋海岸。它包含了"洛林"号巡洋舰、"杜肯"号巡洋舰和几艘轻型舰艇。

12　鱼雷艇舰队回归法国本土

从 1944 年 8 月起，位于武拉克三角湾的鱼雷艇也参与协助封锁布雷斯特港，这是盟军进行补给的重要港口。布列塔尼籍水兵所掌握的情况对于在这些复杂海岸线的巡逻很有帮助。这些鱼雷艇在伊洛瓦斯的海中巡逻，环绕着韦桑岛，搜寻洛里昂阵地的德军船只。后者还没有意识到自己即将战败。最终，布雷斯特的德军在 9 月 21 日投降。布雷斯特虽然已经解放，但在美军长达两个月的轰炸中已经被完全摧毁。水兵们直接冲进了这座城市。对其中一些人来说，对此地非常熟悉，却已经难以辨认自己身在何处：只有四栋建筑物幸免于难。最后，鱼雷艇舰队于 9 月 25 日启程返回达特茅斯。

在战场服役了两年后，士兵和后勤人员要在几周之内对相关设备进行转运。他们离开基地的时候百感交集，忧心他们接下来的工作安排，担心鱼雷艇舰队最终会被拆解，感伤离开曾并肩作战的英国同僚，遗憾即将摒弃这两年来已经习惯的生活节奏。11 月的某个夜晚，在一场舞会之后，市长发表了感人的演讲，向亲爱的法国士兵和这座小城的一项重大事件作告别，鱼雷艇的信号弹点亮了整条河流。之后，部队驻扎在更东边的纽黑文。英国海军部希望拆解掉这些服役已久的鱼雷艇，但自由法国海军参谋部坚持要继续使用。他们在北海区域进行了一系列军事活动之后，最终驻扎在布雷斯特。

在当月月底便准予了休假，鱼雷艇舰队的队员是第一批回家探望亲人的自由法国海军士兵。从 1 月开始，需准备运送共 300 吨的支援物资前往法国，以及六个月到一年的食物储备、6000 升葡萄酒、100 万支香烟，等等。一切都要提前做好准备，因为法国正处于物资普遍短缺的状态。1 月 28 日，鱼雷艇舰队进入并驻扎在布雷斯特的港口区域。2 月 13 日，设备物资抵达了巴夫勒尔的岸边。[19] 与此同时，该艇队已经入驻了曾经的德军潜艇基地，但基础设施状况堪忧，甚至空无一物，到处都散落着轰炸

海上的抵抗：自由法国海军史

所产生的碎屑与垃圾。士兵们驻留在前海军学院，这里也已经被摧毁。对于艇队来说，这里没有任何合适的补给品，即使汽油也不适用，辛烷值不达标。海军宪兵队的出现使局势变得十分紧张，他们称自由法国海军为"肮脏的戴高乐主义者"，而后者将前者描述为"达尔朗的孝子贤孙"。全民都处于物资短缺的状态，所以大家对这些水兵的境况也不甚关注了。对那些滞留在达特茅斯过着舒适生活的部队来说，这种反差十分强烈。一些水兵在那里组建了家庭，还有许多人都有未婚妻。在军事方面尤为如此，很少有行动和任务派发下来，因为海军正处于调整的初期阶段。然而德军的阵地依旧存在。1945年4月，行动突然恢复。其中的一项任务是要冒险前往贝尔岛。建在基伯龙高地上的敌方炮台发现并瞄准了他们。而后，四艘鱼雷艇被派往罗什福尔，并在拉罗谢尔附近发动攻击。考虑到德军或许会有还未使用的力量，当地的海军最终只要求攻击明显向南驶向西班牙的德国船舰：因为即将停战，所以必须设法保证德国海军的M级军舰完好无损，并寄希望于收归法国海军使用。

战斗正式结束的几天后，法国海军部发出了令人振奋的消息。鱼雷艇舰队的行动增加了敌军压力，并加速了其阵地的投降。最后，一些鱼雷艇被派往岛屿之上，以便重新占领港口并迫使当地德军投降。法国水兵们首次发现了这些德国士兵，自1940年以来，就从未近距离见过他们，尽管他们一直都存在着。虽然时局还是有一些混乱，但在格罗瓦，法军部队整齐划一的制服，军官充满活力的演讲，并在演讲最后向这里的国旗敬礼，这些都给人留下了深刻印象。这旗帜今后也将成为鱼雷艇舰队的舰尾旗。在圣纳泽尔和洛里昂，德国军队已经把"他们的"基地建设得完美无缺。作战当晚，第 23 舰队出动 451 船次，遭遇敌方海军 128 次，直接击沉了五艘舰艇，总吨位达到 7200 吨。这些不多的数字表明，鱼雷艇舰队一边继续追击着德国海军，一边维持了大面积的防御区域。该部队维持着英吉利海峡的高压形势，迫使很多航道偏航或直接阻断，有时会迫使一些德国船队返航。此外，在行动过程中，一些成倍增加的特殊登陆任务也取得了成功。

13 作战结束

随着军队进入德国，所有自由法国船舰的最后航行即将到来。德国海军处于非常不利的状况中，并且逐一失去它在陆地上的基地及其后勤补给，而所有的盟军舰艇仍然处于集结状态。在登陆行动之后，猎潜艇继续执行英吉利海峡舰队护航任务，这一段相对平静的时间偶尔也会被绝望的德军所打断。1945 年 4 月 17 日，第 122 号猎潜艇在攻击 U 型潜艇时失败，但之后在 4 月 24 日摧毁了驶向它的三艘带有爆炸物的快艇。护卫舰队继续在英吉利海峡（停靠在布雷斯特和瑟堡）、非洲海岸和地中海海域中对商船队进行护航。在 3 月和 4 月，一艘 U 型潜艇在英国和法国之间击沉了几艘货船。在海峡走廊和大西洋起点之间组建起来的长期航行线路上，他们能够发现并定位最微小的入侵，毫无疑问一些德军已经设法成功侵入。[20] 一些驱逐舰也继续展开行动，但自从被水雷击中之后，"惊喜"号很难再次返回大海。从 1944

海上的抵抗：自由法国海军史

年 12 月开始，法国海岸附近执行任务的水兵在布雷斯特首次获得了准假许可。

至于潜艇，他们正在谨慎地进行战争的收尾工作。1944 年，"红宝石"号参加了北海护航训练演习，假扮成敌军以观测防御反应。12 月，它又返回船坞进行全面改装，直到停战之后才再次服役。在其总计 28 次的任务中共击沉了八艘军舰和八艘货船。由于可以携带大量水雷，它依旧是盟军最好的潜艇。[21] 而后，它作为教学用舰艇继续履行使命。"朱诺"号在北海遭遇袭击并损坏，无法像"密涅瓦"号和"卡萨比安卡"号一样继续参加战斗，这两艘舰艇在被盟军空军误击后，曾在美国进行维修。目前仅有"居里"号在地中海地区负责巡逻。

享有盛名的"战士"号在执行戴高乐将军专舰任务之后，也参与了几次海峡地区的战斗，击沉了一艘敌军军舰，并损坏了若干艘。这座军舰象征着自由法国海军的骄傲，却也没等到战争的结束。1945 年 2 月 23 日，它在英国东岸的亨伯河口附近被水雷炸毁。船体一分为二，救援船设法救回了 117 名船员，另外 69 名在沉船中失踪。这是法国海军在战争期间最后一次在行动中造成的重大伤亡。

自由法国海军的 7000 名士兵和商船船队的 3000 名船员中，有 600 人最终没有返回船上，即 17% 的登陆战力并同陆军一起作战。留在海军中的人员开始复员，平静地回归日常，并没有特意引起关注。这个团体在极速变化着，并在进入下一篇章之后，却又恢复了所有的陋习和弊病，就好像一切都从未受到质疑一样，有些人虽然并没有公开表达，但也对此感到失望。

在桑岛上，渔民们根据各自组织的安排，一一归来。某位老师在一次走廊谈话后打断了他的课，并同一个学生说道："你父亲回来了，出去见他吧。"回家之后，失踪近五年的父亲向儿子问好，然后说道："你还有课。上完课再回来吧。"每个人都不再发表任何言论，只是继续他们的日常活动，但毫无疑问，他们的心中隐藏着对于布列塔尼满满的自豪感。在整个战争期间，"天顶"号在英国海岸附近海域巡逻和运输货物，并在战后恢复了其航运职能，为布雷斯特的重建工作运送沙料。

　　随着大西洋战役的结束和战线的变化，自由法国海军的旧有团体被逐渐削弱。新组建的海军部队已经在其他地区开始执行新型任务，包括参加了在远东地区的几次行动。在英军的带领下，"黎塞留"号参加了两次行动，分别在1944年夏天和1945年4月至5月，对战苏门答腊、尼科巴和安达曼群岛（兰卡威）的日本军队。该船负责摧毁日军重要的"羽黑"号巡洋舰。除了那些选择以此为终身事业的士兵之外，其他人在之后的几年内均陆续复员。

14　最后的检阅

　　第二次世界大战的欧洲战场在5月8日结束后，一些纪念性活动将在巴黎举行，包括6月18日象征性周年纪念日，以及而后的国庆节。但如何能够在活动中代表海军呢？鱼雷艇是最佳的选择，因为它们是唯一能够进入塞纳河并可以向巴黎人民展示的

海上的抵抗：自由法国海军史

军舰。最终决定派遣第 92、第 98 和第 227 号鱼雷艇，因为其他舰艇已经斧破斨缺，并且很遗憾，因技术原因，艇队将计划在未来几个月内被移交给英国海军部。[22] 沿着河道溯洄航行，鱼雷艇舰队经过每个城镇和村庄时，都会获得一片欢呼，最终它们于 6 月 15 日停靠在亚历山大三世桥和荣军院桥之间。

人群簇拥在这些舰艇周围，这是稀罕的舰艇，平时并不常见。6 月 18 日开始，它们便停泊在此，参观接踵而至；柯尼格将军、海军上将勒莫尼埃、英国大使达夫·库珀都前来对水兵们表示庆贺，并了解鱼雷艇的工作机制。市民们带着他们关于鱼雷发射器、机关枪或船体机身外形的理论知识来到这里实地拜访。7 月 14 日，海军陆战队的部队，尤其是其中的装甲兵团和突击营，在香榭丽舍大街上同解放法国的部队一起参加阅兵。之后，官员们和人群离开香榭丽舍大道，聚集在河岸和桥梁上，一睹第 23 舰队的风采。

海军士兵们以自己的方式参加游行。他们从贝尔西出发，三艘舰艇以 40 节的最大速度沿河航行。产生的反响令人叹为观止，共 1.1 万马力的九台发动机在巴黎圣母院狭窄的臂弯中一起产生轰鸣，然后这些舰艇在巴黎人民的眼中跃进、回旋、交叉，所有参加过战斗的水兵都穿着制服立在那里，屏息凝视，就好像他们往常那样准备去战斗。想要知道海军士兵是确确实实地参与了战争，并以何种方式参与了战争的话，这就是向法国人民展示的最好证明。

尾 声

显而易见，1939年至1945年的战争对于法国海军的整体发展来说乏善可陈。"自由法国海军"的出现或许有些不合时宜，但它在各个武装力量中仍是一个特别的存在。法国海军对所发生的一切都始料未及。在战前多年就为人所称道的严明纪律，使其在部分力量遭到损毁后始终坚持抵抗。即便全部责任并不在它本身，但1940年它的消极表现依旧造成了成百上千战士的死亡。

在随后的抵抗运动时期，它借由所牺牲的部队，甚至成了当时政权自豪感的神秘来源。海军上将达尔朗也顺势将其视为法方正义的依据。像维希政府的自我定位一样，似乎它自认为承载着历史使命感，但永远无法识清自己的面目，一言以蔽之，它也是战争的参与者。

在战后年代，尽管法国海军建立了许多高级作战部队，但在短时间内并没有重获土伦的荣誉。它几十年以来所依存的殖民帝国早已不复存在，虽然舰艇都已经归港，但依旧承载着先前所遗失的抱负，继而养精蓄锐。不得不说，此时的法国海军的状况依旧良好。但在 60 年代，法国海军被赋予新的战略任务，尤其是面对核威慑力量的发展时，它重获存在的理由、积极的反响和光明的前途。同样，引领这一切的人依旧是戴高乐。

又过了几十年，当法国意识到其广阔海洋空间的丰富资源以及维护其主权的必要性时，法国海军迎来了新的机遇。它彰显着独一无二的能力，在全世界的海洋中谱写新的篇章。它对有关自己的一切都已了然于胸，而所有的法国人亦可对此有所思、有所感。

注 释

第一章 从法国海军到自由法国海军

1. W. CHURCHILL, *Mémoires de guerre*, Tallandier, 2009.

2. F-E. BRÉZET, *Histoire de la Marine allemande, 1939 – 1945*, Perrin, 1999.

3. 直到那时,在战争时期向他国售卖武器是禁止的。

4. A. AUPHAN, J. MORDAL, *La Marine française dans la Seconde Guerre mondiale*, France-Empire, 1967.

5. 直到1940年4月,法国海军在大西洋海域所完成的袭击都属于登船作战。参见 R. Paxton, «Darlan, un amiral entre deux blocs», *Vingtième Siècle, revue d'histoire*, 1992。

6. 因为需要完成的工程量十分巨大,德军和盟军对这艘停靠在此的船舰都不感兴趣,在1942年的盟军登陆中它曾参与战斗，这也是它在二战中唯一且遗憾的参战行动。从 1955 年起，它才开始真正服役。

7. É. CHALINE et P. SANTARELLI, *Historique des forces navales françaises libres*, tomes 1 à 4, Service Historique de la Marine, 1990.

8. 法国海军部第 1 300/17/6 号指令。

9. 法国海军部第 1655 17 - 6 号指令。

10. 黎凡特地区海军上将 0725 23/6 指令。

11. 远东地区军上将 0826 23/6 指令。

12. 南方地区海军上将 1745 23/6 指令。

13. 1730 et 1735 - 23/6。

14. W. CHURCHILL, *Mémoires de guerre*, t. 1.

15. 达尔朗自己也在 1942 年 2 月 8 日写给冯·斯图普纳盖尔将军的信中说道："至于我，我坚信'法军和德军'的利益休戚与共。我一直抱有这一信念，即使 1940 年 6 月我险遭背离。在我的舰队中，有价值 450 亿法郎的财物，而且整支舰队都将追随于我……" *Historique FNFL*, t. 1.

16. A. DECAUX, *C'était le XXe siècle*, t. 3: *la guerre absolue* (1940 - 1945), Perrin, 1998.

17. M. PASQUELOT, *Les sous-marins de la France libre*, Presses de la Cité, 1981.

18. (Coll.) *La flamme de la Résistance, les 5 communes compagnon de la Libération*, Le cherche midi, 2012.

19. 将加入"天顶"号。

20. 让-玛丽·门努，约瑟夫·吉尔舍尔，米歇尔·吉恭和加布里埃尔·吉恭。

21.《抵抗与流放》国家档案集,关于"桑岛渔民首次前往英国"的记录。

22.《抵抗与流放》国家档案集,关于"桑岛渔民首次前往英国"的记录。

23. 有一些人在1940年9月起通过不同的途径各自抵达。共有128名桑岛居民离开并秘密前往英国参军。

24. M. BATAILLARD, *Une histoire de l'île de Sein*, Éd. Empreintes, 2013.

25. J-L. BARRE, *Devenir de Gaulle*, 1939–1943, Perrin, 2003.

26. 同上。

27. 同上。

28. R. MUSELIER, *L'Amiral Muselier*, Perrin, 2000.

29. 这是由于达尔朗的命令突然变化所导致的。

30. É. MUSELIER, *Marine et Résistance*, Flammarion, 1945.

31. 米塞利埃起初认为自己可以见到保罗·雷诺。参见 Jacques BENOIST-MECHIN, *Soixante jours qui ébranlèrent l'Occident*, Albin Michel, 1956。

32. P. DE GAULLE, *Mémoires accessoires*, t. 1, Plon, 1997.

33. C. DE GAULLE, *Mémoires de guerre*, Plon, L'appel:1954, L'Unité:1956, Le Salut:1959.

34. 同上。

35. 1941年7月10日,瓦林上校被任命为空军司令,并开始建设部队。

海上的抵抗：自由法国海军史

第二章　洛林十字下的军队

1. 见附录。（原书无附录。——译注）

2. 法国海军与抵抗运动。

3. 这个标志经由戴高乐的首肯，可以代表自由法国：这也是第507坦克军团在战争初期的标志。几个月以后，欧麦委员为海军所选用的最终版本是在红色十字边又加入白色菱形底的三色旗。

4. É. MUSELIER, *Marine et résistance.*

5. 海军中将 E. CHALINE, «Les Forces navales françaises libres», *Espoir* no 68, Septembre, 1989。

6. 一些有关戴高乐将军视察军营的证据出入很大。如果我们远离一些恶意中伤的话语和过于阿谀奉承的描述，距离感和缺乏热情确实是主要评价，尽管当时的大多数描述也认为这种态度出自一位领导人是完全合理的。

7. P. MASSON, *La Marine française et la guerre*, 1939-1945, Tallandier, 2000.

8. 达尔朗支持其离开，但被证实该计划的实质是为驱离抵触贝当元帅的议员。参见 G. BOULANGER, *L'Affaire Jean Zay : La République assassinée*, 2013。

9. 斯普拉格，格里菲斯，军需官韦伯，伊夫·丹尼尔。

10. A. AUPHAN, J. MORDAL, *La Marine française dans la Seconde Guerre mondiale.*

·注 释·

11. É. MUSELIER, *Marine et Résistance*；以及米塞利埃写于 1940 年 7 月 13 日关于对"凯旋"号驱逐舰被掠夺的抗议信，国防历史处档案资料，序列号 TTC。

12. P. MASSON, *La Marine française et la guerre*, 1939 – 1945.

13. 在 1898 年的"法舒达"危机中并没有军事冲突。

14. P. MASSON, *La Marine française et la guerre*, 1939 – 1945.

15. B. COSTAGLIOLA, *La Marine de Vichy*, Tallandier, 2009, citant H. COUTAU-BEGARIE et C. HUAN, *Darlan*, Fayard, 1989.

16. P. MASSON, *La Marine française et la guerre*, 1939 – 1945.

17. 这些顾虑主要是针对固执的总指挥米塞利埃。因其无可比拟的行事风格，德阿根利厄曾这样评论他："拥有最大量的听众，却不能接受任何忠告。" R. MUSELIER, *L'Amiral Muselier*, Perrin, 2000.

18. T. VAISSET, *L'Amiral d'Argenlieu. Le moine soldat du gaullisme*, Belin, 2017.

19. C. CLERC, «*Tout est fichu*», *les coups de blues du Général*, Albin Michel, 2014.

20. 最终在 1943 年 1 月从纽约的军火库中获得，并在那里进行重新建造。

21. 死于 1950 年，其妻子坚持米尔斯克比尔海战加速了他的死亡。参见 P. MASSON, *La Marine française et la guerre*, 1939 – 1945。

22. É. CHALINE, P. SANTARELLI, *Historique FNFL*. 一份备忘录草案被寄给丘吉尔。

23. 在戴高乐将军与英国部委的商议之后，特别是建立了与英国航运部的固定关系后，商船开始用于军事行动。

24. L. HÉRON DE VILLEFOSSE, *Souvenirs d'un marin de la France libre*, éditeurs français réunis, 1951.

25. É. CHALINE, P. SANTARELLI, *Historique FNFL*.

26. R. CASSIN, *Revue de la France Libre*, no 154, janvier-février 1965.

27. L. HÉRON DE VILLEFOSSE, *Souvenirs d'un marin de la France libre*.

28. P. MASSON, *La Marine française et la guerre*, 1939 – 1945.

29. Y. DUCHESNE, «Le Naufrage du Meknès», Cols Bleus 1741, janvier 1983.

30. P. MASSON, *La Marine française et la guerre*, 1939 – 1945.

31. 德地安纳·多尔韦，安德烈·帕图，克劳德·布林·德·罗基耶，皮埃尔·米肖，让·阿诺尔·德·皮雷，苏利索，巴贝罗，海军下士奥贝尔，海军射手巴尔托洛美。参见 É. de MONTETY, *Honoré d'Estienne d'Orves*, Perrin, 2001。

32. R. BARBEROT, *Fusiliers Marins*, France-Empire, 1 951.

33. 在1940年，共计172名亚历山大港的士兵加入自由法国海军。

第三章　重现外海之时

1. 有追溯效力至7月11日，并且维希宪法失效。

2. 8月24日，戴高乐将军同样收到的英王乔治六世的肯定。

3. 事实上，六个月以后，在贝希特斯加登的会晤中，伯努瓦斯特—梅尚和达尔朗向希特勒建议建立一个海军、潜艇及空军基地。（1941年5月12日）A. KAMMERER, *la passion de la flotte française*, Arthème Fayard, 1951.

4. É. MUSELIER, *Marine et Résistance*.

1. P. MASSON, *La Marine française et la guerre*.

2. C. DE GAULLE, *Mémoires de guerre*.

3. C. DE GAULLE, *Mémoires de guerre*.

4. 主要为坎宁安上将和埃尔文将军。（原文如此。——译注）

5. F. KERSAUDY, *Winston Churchill*, Tallandier, 2009.

6. P. GIRARD, *De Gaulle le mystère de Dakar*, Calmann-Lévy, 2010.

7. P. MASSON, *La Marine française et la guerre*.

8. 参照自由法国空军德·马尔米耶中校的指令。

9. C. DE GAULLE, *Mémoires de guerre*.

10. P. MASSON, La Marine française et la guerre.

11. HECKSTALL-SMITH, *La flotte convoitée*, dans P. MASSON, *La Marine française et la guerre*.

12. P. MASSON, *La Marine française et la guerre*.

13. C. de GAULLE, *Mémoires de guerre*.

14. 事实上，大量的泄密已经发生。利物浦的船坞工人看到了提供给达喀尔居民的传单，有两个案台在码头上进行分发。一些军官还直接和"对立立场的人"进行对话。参见 F. KER-

SAUDY, *De Gaulle et Churchill*。

15. C. DE GAULLE, *Mémoires de guerre.*

16. A-J. MARDER, *Opération Menace*, dans P. MASSON, *La Marine française et la guerre.*

17. C. DE GAULLE, *Mémoires de guerre.*

18. É. CHALINE, P. SANTARELLI, *Historique FNFL.*

19. 一些人参与了敦刻尔克大撤退。

20. 盖兰·勒泽上尉所提供的证明。CHALINE et SANTARELLI, *Historique FNFL.*

21. P. BOYLE, *Le groupe des chasseurs, quelques souvenirs sur la flotte franco-anglaise.*

22. É. MUSELIER, *Marine et Résistance.*

23. 同上。

24. 同作者的会面。

25. P. DE GAULLE, *Mémoires accessoires*, 1921 – 1946.

26. M. PASQUELOT, *Les sous-marins de la France libre.*

27. É. CHALINE, P. SANTARELLI, *Historique FNFL.*

28. 尤其是1904年的事件，在此事件中俄国海军向英国渔船射击。

29. M. PASQUELOT, *Les sous-marins de la France libre.*

30. 海军历史中心，自由法国海军的潜艇战。

31. M. PASQUELOT, *Les sous-marins de la France libre.*

32. 9名军官，30名海军士官，200名船员。

33. 雅克·勒加尔，安德烈·拉贝，弗朗索瓦·阿翁。作者对于雅克·勒加尔的采访。

34. 沉船于1957年在克尔肯那群岛外海发现。"独角鲸"号疑似触雷。

35. *M. PASQUELOT, Les sous-marins de la France Libre.*

36. 克伦威尔路69号, 温布尔顿区。

37. 进行过专业训练的科瑞恩指挥官自1935年起便在欧洲建立起若干信息网。

38. *É. DE MONTETY, Honoré d'Estienne d'Orves.*

39. 他的上司加那里上将也是一位海军。

40. *R. MUSELIER, L'amiral Muselier.*

41. *J. NOLI, Le Choix, Arthème Fayard, 1972.*

42. 在"弩炮"行动期间曾无法活动,而后参与了几次特殊任务。通常他的老板是阿尔塞纳·赛尔顿,来自于滨海卡马雷,也进行了多次前往英国的航程。

43. *É. DE MONTETY, Honoré d'Estienne d'Orves.*

44. 同上。

45. *É. MUSELIER, Marine et résistance.*

46. *C. DE GAULLE, Mémoires de guerre.*

47. *R. MENGIN, De Gaulle à Londres vu par un Français libre, La table ronde, 1965.*

48. 同上。

49. 雷蒙·阿伦同样于此进行合作。本刊经常针对戴高乐将军进行批评,特别是针对他的一些政治主张。

50. *J. GUISNEL, R. KAUFFER, R. FALIGOT, Histoire politique*

des services secrets français, La Découverte, 2013.

51. 米塞利埃稍后知晓他的很多亲信也和他同时被监禁。

52. 戴高乐在他的回忆录里明确指出是英方阻止他提前会见米塞利埃。

53. 梅弗尔在这里一直待到战争结束。他之后继续在情报研究部门工作，并创立了对外情报与反间谍局。

54. Charles DE GAULLE, *Mémoires de guerre*.

55. É. CHALINE, P. SANTARELLI, *Historique FNFL*.

56. 同上。

57. 同上。

58. P. BOYLE, *Le groupe des chasseurs, quelques souvenirs sur la flotte franco-anglaise.*

59. 盖兰·勒泽上尉所提供的证明。CHALINE, SANTARELLI, *Historique FNFL*.

60. É. CHALINE, P. SANTARELLI, *Historique FNFL*.

61. 例如尼古拉·蒙萨拉，《残酷的海洋》的作者，此人很典型：爱好文学。他于1939年在几周之内快速地完成了志愿军预备役军官的培训。他以海军少尉身份在一艘护卫舰上履职，在船舰上执行了多种职能工作。因其表现十分优异，于1943年3月起直接成为该舰二副，可以指挥护卫舰。1944年他成为海军上尉，并指挥一艘大型护卫舰。

62. 作者对于菲利普·戴高乐的采访。

63. É. CHALINE, P. SANTARELLI, *Historique FNFL*.

第四章　一支独立的军事力量

1. 1940 年 9 月，英国和美国已经签订了《基地驱逐舰协定》，以战舰换取纽芬兰和加勒比地区英国领地的租借权。

2. C. DE GAULLE, *Mémoires de guerre*.

3. R. BESNAULT, «La bataille de l'Atlantique», Revue *Espoir* no 102, avril 1995.

4. « Die glücklichsten Tage » F-E BREZET, *Histoire de la marine allemande*, 1939 – 1945.

5. R. BESNAULT, «La bataille de l'Atlantique», Revue *Espoir* no 102, avril 1995.

6. 被敌人称为"沉默者奥托"，因为他总是默不作声地发送一些无用且明显能识别出发送者的广播信息。

7. F-E. BREZET, *Histoire de la marine allemande*, 1939 – 1945.

8. R. BESNAULT, *La bataille de l'Atlantique*, Revue *Espoir* no 102, avril 1995.

9. M. BERTRAND, *La marine française au combat* 1939 1945, Charles-Lavauzelle, 1982.

10. La Kriegsmarine allemande n'enregistra aucune perte ce jour-là, mais des dégâts infligés au *U-Boot* semblent possibles.

11. M. BERTRAND, *La marine française au combat*, 1939 – 1945.

12. M. BERTRAND, *La marine française au combat*, 1939 – 1945.

13. 例如在"杜梅总统"号（载兵舰）上，有101个法国人，20个希腊人，13个中国人，10个埃及人，5个英国人，3个塞浦路斯人，1个无国际人士，1个苏丹人，1个马耳他人，1个巴勒斯坦人。

14. É. CHALINE et P. SANTARELLI, *Historique FNFL*.

15. 同上。

16. 法国同样订购了20几艘，主要在法国的船坞中。正在建造中的舰艇直接被德国海军占有。

17. É. CHALINE, P. SANTARELLI, *Historique FNFL*.

18. N. MONSARRAT, *La mer cruelle*, Plon, 1951.

19. 最高纪录是26天。R. BESNAULT, *La bataille de l'Atlantique*, Revue Espoir no 102, avril 1995.

20. 在不间断的10个月中，"半边莲"号的下水时间为65%。

21. R. BESNAULT, *La bataille de l'Atlantique*, Revue Espoir no 102, avril 1995.

22. F. FLOHIC, *Ni chagrin ni pitié*, Plon, 1985.

23. N. MONSARRAT, *La mer cruelle*.

24. É. CHALINE, P. SANTARELLI, *Historique FNFL*.

25. F. FLOHIC, *Ni chagrin ni pitié*.

26. É. CHALINE, P. SANTARELLI, *Historique FNFL*.

27. É. de MONTETY, *Honoré d'Estienne d'Orves*.

28 后者在进入德国海军之前继续为德国反间谍中心服务，死于1945年。

注 释

29. 奥诺雷·德蒂安纳·多尔韦、毛里斯·巴里耶，让·多尼克、克莱-玛丽和玛丽-让娜·克莱蒙、让·勒吉冈。

30. 包括其他一些自由法国海军军官：奥博伊诺、皮雷、布林·德·罗基、帕图。

31. M. FERRO, *Pétain*, Fayard, 1987.

32. 在德国反间谍中心方面，加那里和他的副手汉斯·奥斯托，之后以反纳粹而闻名于世，但是案件已经了结，他们对赦罪的影响力在此时是很微弱的。

33. 奥诺雷的亲兄弟路易·德蒂安纳·多尔韦曾为此面见贝当元帅。

34. 为了避免向民众的报复行为，奥托·冯·斯图尔普纳格尔引导了柏林方面迁怒于政治犯。

35. É. DE MONTETY, *Honoré d'Estienne d'Orves*.

36. L. LECURO, *L'abbé Franz Stock：sentinelle de la paix*, Téqui, 2005.

37. P. DE GAULLE, *Mémoires accessoires*, 1921–1946.

38. Archives SHD, séries TTC TTY.

39. Archives SHD, séries TTC TTY.

40. A. MERLE, *Exemple traité du Ralliement de Saint-Pierre-et-Miquelon à la France Libre*.

41. Archives SHD, séries TTC TTY.

42. 国防部, Collection « Mémoire et Citoyenneté », n. 21。

43. R. MUSELIER, *L'Amiral Muselier*.

44. "秘密被打破，我必须告知英方以避免隐瞒情况的发生。" C. DE GAULLE, *Mémoires de guerre*.

45. R. MUSELIER, *L'Amiral Muselier*.

46. 他之后参与了普罗旺斯登陆，以及解放战争（共和国驻昂热委员），战争结束时成为陆军将军和解放战士，之后开始政治生涯（1946年圣皮埃尔和密克隆的参议员），随后成为密特朗政府的教育部长，并实施著名的关于私立学校的政策。

47. 群岛所使用的是1801年的"和解协议"而不是1905年的法律。

48. "号称自由法国"。

49. R. MUSELIER, *L'Amiral Muselier*.

50. É. MUSELIER, *De Gaulle contre le gaullisme*.

51. J. LACOUTURE, *De Gaulle, t. 1, Le Rebelle, Seuil*, 1984.

52. A. MERLE, *Exemple traité du Ralliement de Saint-Pierre-et-Miquelon à la France Libre*.

53. 这不言而喻；很多圣皮埃尔的教徒都高调地"将鱼送归自然"，更具体地便是把它扔进岛屿外海的水中。

54. A. MERLE, *Exemple traité du Ralliement de Saint-Pierre-et-Miquelon à la France Libre*.

55. PEPIN-LEHALLEUR, *Revue de la France Libre*, no 276.

56. Série «Noël 1941 – France Libre-FNFL».

57. É. CHALINE, P. SANTARELLI, *Historique FNFL*.

58. R. MUSELIER, *L'amiral Muselier*.

59. F. FLOHIC, *Ni chagrin ni pitié*.

60. 每艘护卫舰都需要注满250立方米燃油。A. MERLE, *Ex-*

emple traité du Ralliement de Saint-Pierre-et-Miquelon à la France Libre.

61. A. MERLE, *Exemple traité du Ralliement de Saint-Pierre-et-Miquelon à la France Libre.*

62. P. DE MORSIER, *Les corvettes de la France libre*, France-Empire, 1972.

63. R. MUSELIER, *L'Amiral Muselier.*

64. É. CHALINE, P. SANTARELLI, *Historique FNFL.*

65. R. MUSELIER, *L'Amiral Muselier.*

66. É. CHALINE, P. SANTARELLI, *Historique FNFL.*

67. 德·西蒂沃少校，贝科夫上尉吉尔伯特和克劳德少尉。他们操作喷火式飞机。

68. J. LACOUTURE, *De Gaulle, Le Rebelle.*

69. 1941年1月15日签署的协议。R. MENGIN, *De Gaulle à Londres vu par un Français Libre.*

70. C. DE GAULLE, *Mémoires de guerre.*

71. R. MUSELIER, *L'amiral Muselier.*

72. J. LACOUTURE, *De Gaulle, Le Rebelle.*

73. 出自格林童话中的小魔鬼。C. DE GAULLE, *Mémoires de guerre.*

第五章　所有战线展开战斗

1. É. CHALINE, P. SANTARELLI, *Historique FNFL.*

2. F. FLOHIC, *Ni chagrin ni pitié.*

3. 同上。

4. R. MUSELIER, *L'Amiral Muselier.*

5. F. FLOHIC, *Ni chagrin ni pitié.*

6. E. CHALINE, *L'activité des FNFL* (Fondation de la France libre).

7. F. FLOHIC, *Ni chagrin ni pitié.*

8. 同上。

9. É. CHALINE, P. SANTARELLI, *Historique FNFL.*

10. J. MORDAL, *Bir Hakeim*, Le livre contemporain, 1951.

11. C. DE GAULLE, *Mémoires de guerre.*

12. S. SIMONNET, *Commandant Kieffer, le Français du jour J*, Tallandier, 2012.

13. 同上。

14. 没有人知道这些数字是否符合经验现实，或者只是为了吓唬新学员。

15. Stéphane Simonnet, *Commandant Kieffer, le Français du jour J.*

16. 这不是突击队第一次踏上法国的土地。

17. P BOYLE, *Le groupe des chasseurs, quelques souvenirs sur la flotte franco-anglaise.*

18. É. CHALINE, P. SANTARELLI, *Historique FNFL.*

19. 稍后我们将了解到，两人中的一个被杀，另一个被俘虏。S. SIMONNET, *Commandant Kieffer, le Français du jour J.*

20. M. PASQUELOT, *Les sous-marins de la France libre.*

·注 释·

21. P. MASSON, *La marine française et la guerre*, 1939 – 1945.

22. P. MASSON, *La marine française et la guerre*, 1939 – 1945.

23. L. DE VILLEFOSSE, *Marin de la France Libre*.

24. 除了对抗威胁印度支那的泰国（1941年1月17日象岛之战）之外，之后还在马达加斯加对抗英国。

25. H. LE JOUBIOUX, «L'île de La Réunion dans la Seconde Guerre mondiale», *Revue historique des armées*.

26. 这些法国鱼雷艇的速度可以达到60节。然而由于缺少配件，自由法国海军的工程师很快就放弃了重新装备这些精致但过于挑剔的小艇。

27. *Nom de baptême des huit M/L*: Saint-Ronan, Saint-Guénolé, Saint-Yves, Saint-Alain, Ouessant, Île-de-Sein, Béniguet, Molène.

28. 他的名片同样写着："永远的称呼，雅克林·德·拉波特·德沃子爵；暂时的称呼，海军少校；死后的称呼，荣誉兵团骑士。"

29. 作者对于海军上将菲利普·戴高乐的采访。

30. MARINE NATIONALE, SHD, *La 23e flottille MTB des Forces Navales Françaises Libres*.

31. M. SAINBENE, *Les vedettes Lance-torpilles françaises*, Marine Éditions, 2007.

32. Women's Royal Navy Service, WRNS.

33. MARINE NATIONALE, SHD, *La 23e flottille MTB des Forces Navales Françaises Libres*.

34. MARINE NATIONALE, SHD, *La 23e flottille MTB des Forces*

Navales Françaises Libres.

35. 作者对于海军上将菲利普·戴高乐的采访。

36. 作者对于海军上将菲利普·戴高乐的采访。

37. 作者对于海军上将菲利普·戴高乐的采访。

38. 然而库尔图瓦少尉的鱼雷艇遇到非常严重的问题，以至于无法派出执行任务。

39. É. CHALINE, P. SANTARELLI, *Historique FNFL*.

40. F-E. BREZET, *Histoire de la marine allemande*, 1939 – 1945.

第六章　自由法国海军的终结与合并

1. C. -E. LA HAYE, *Revue de la France Libre*, numéro spécial, 18 juin 1951.

2. É. CHALINE, P. SANTARELLI, *Historique FNFL*.

3. 此处指第三号人物乔治·史密斯·巴顿将军。对于戴高乐来说，这是一个"外国人自行决定的领事馆"。C. DE GAULLE, *Mémoires de guerre*.

4. W. CHURCHILL, *Mémoires de guerre*（commentaire rapporté dans l'édition Tallandier）.

5. R. MUSELIER, *L'Amiral Muselier*.

6. É. CHALINE, P. SANTARELLI, *Historique FNFL*.

7. P. DE MORSIER, *Les corvettes de la France Libre*.

8. 作者对于海军上将菲利普·戴高乐的采访。

9. F. FLOHIC, *Ni chagrin ni pitié*.

10. 将军第 63 号令，1943 年 3 月 14 日。

11. É. CHALINE, P. SANTARELLI, *Historique FNFL*.

第七章　荣耀时刻

1. 丘吉尔在他的回忆录中引用了最高盟军指挥官的参谋长英国将军弗雷德里克摩根的计划。

2. 尽管本章中引用的一些舰船在行政上不属于自由法国海军麾下，但我们将它们包括在解放运动的故事中，因为船员的调转时有发生，并且舰艇和陆地上的军事设施在此期间吸纳了越来越多的自由法国海军水兵和来自非洲的水兵参与行动。

3. A. AUPHAN, J. MORDAL, *La Marine française dans la Seconde Guerre mondiale*.

4. F. FLOHIC, *Ni chagrin ni pitié*.

5. A. AUPHAN, J. MORDAL, *La Marine française dans la Seconde Guerre mondiale*.

6. 同上。

7. 3 艘战列舰，1 艘浅水重炮舰，13 艘巡洋舰，43 艘驱逐舰。

8. C. DE GAULLE, *Mémoires de guerre*.

9. 国家海军，国防历史处，自由法国海军第 23 鱼雷艇舰队。

10. A. AUPHAN, J. MORDAL, *La Marine française dans la Seconde Guerre mondiale*.

11. S. SIMMONET, *Commandant Kieffer*.

12. 冥王星行动，海底输油管道。

13. CHALINE, *Revue de la France Libre*，no 287，3e trimestre 1994.

14. É. CHALINE, P. SANTARELLI, *Historique FNFL*.

15. AUPHAN, MORDAL, La Marine française dans la Seconde Guerre mondiale.

16. 同上。

17. 国防历史处，自由法国海军陆战分队。

18. 关于这一节的真相尚未确定。另一种解释可能是水兵误认为酒店是隔壁的海军部，故意向其开枪，以报复其在战争期间的态度。即使在今天，用于重建柱子的石头的颜色也与立面的其余部分略有不同。

19. 国家海军，国防历史处，自由法国海军第 23 鱼雷艇舰队。以下各部分同此。

20. É. CHALINE, P. SANTARELLI, *Historique FNFL*.

21. 同上。

22. 同上。

致　谢

谨将我的谢意以及我的敬意，献给愿为历史作证，并给予我帮助的自由法国海军老兵们。他们包括：菲利普·戴高乐上将、弗朗索瓦·弗洛伊克上将、雅克·勒加尔指挥官和约瑟夫·盖尔拉韦先生。我同样感谢"夏尔·戴高乐"基金会国防历史处、自由法国基金会、"天顶"号自由法国联谊会。感谢向我提供资料查阅和会面机会的所有人。

感谢雄鹿出版社的阿尔蒂尔·舍瓦利埃对我的信任与建议。最后感谢我的家人和朋友，感谢所有我应为之效劳的读者们。